독자의 **1초**를 아껴주는 정성!

—

세상이 아무리 바쁘게 돌아가더라도

책까지 아무렇게나 빨리 만들 수는 없습니다.

인스턴트 식품 같은 책보다는

오래 익힌 술이나 장맛이 밴 책을 만들고 싶습니다.

길벗이지톡은 독자여러분이 우리를 믿는다고 할 때 가장 행복합니다.

나를 아껴주는 어학도서, 길벗이지톡의 책을 만나보십시오.

독자의 1초를 아껴주는 정성을 만나보십시오.

미리 책을 읽고 따라해본 2만 베타테스터 여러분과 무따기 체험단, 길벗스쿨 엄마 2% 기획단,

시나공 평가단, 토익 배틀, 대학생 기자단까지!

믿을 수 있는 책을 함께 만들어주신 독자 여러분께 감사드립니다.

(주)도서출판 길벗 ···   t.co.kr

.co.kr

co.kr

KB022404

	あ단	い단	う단	え단	お단
あ행	あ	い	う	え	お
か행	か	き	く	け	こ
さ행	さ	し	す	せ	そ
た행	た	ち	つ	て	と
な행	な	に	ぬ	ね	の
は행	は	ひ	ふ	へ	ほ
ま행	ま	み	む	め	も
や행	や		ゆ		よ
ら행	ら	り	る	れ	ろ
わ행	わ				を
	ん				

◀ 행: 자음이
같은 친구들

▲ 단 : 모음이
같은 친구들

	ア단	**イ단**	**ウ단**	**エ단**	**オ단**
ア행	ア	イ	ウ	エ	オ
カ행	カ	キ	ク	ケ	コ
サ행	サ	シ	ス	セ	ソ
タ행	タ	チ	ツ	テ	ト
ナ행	ナ	ニ	ヌ	ネ	ノ
ハ행	ハ	ヒ	フ	ヘ	ホ
マ행	マ	ミ	ム	メ	モ
ヤ행	ヤ		ユ		ヨ
ラ행	ラ	リ	ル	レ	ロ
ワ행	ワ				ヲ
	ン				

◀ 행: 자음이
같은 친구들

▲ 단 : 모음이
같은 친구들

: QR 코드로 음성 자료 듣는 법 :

1 스마트폰 카메라를 켜고 QR코드에 대보세요.

2 인식이 되면 화면 상단에 창이 뜹니다.

3

창을 터치하면 음성파일을 선택할 수 있는 화면이 나옵니다.

4

원하는 음성 자료를 터치해서 학습을 시작합니다.

: 길벗이지톡 홈페이지에서 자료 받는 법 :

1

길벗이지톡 홈페이지(www.gilbut.co.kr) 검색창에서
《히라가나 가타카나 무작정 따라하기》를 검색합니다.

2

검색 후 해당 도서를 클릭합니다.

3

해당 도서 페이지에서 자료실을 클릭합니다.

4

다운로드 아이콘을 클릭해 자료를 받거나, 재생 버튼을
클릭해 바로 들을 수 있습니다.
[구매 인증이나 로그인이 필요없습니다.]

あ행	아침	의자	거짓말	역	돈
	あさ [아사]	**い**す [이스]	**う**そ [우소]	**え**き [에키]	**お**かね [오카네]
か행	회사	나무	약	상처	목소리
	かいしゃ [카이샤]	**き** [키]	**く**すり [쿠스리]	**け**が [케가]	**こ**え [코에]
さ행	지갑	섬	초밥	자리	청소
	さいふ [사이후]	**し**ま [시마]	**す**し [스시]	**せ**き [세키]	**そ**うじ [소~지]
た행	계란	힘	책상	편지	시계
	たまご [타마고]	**ち**から [치카라]	**つ**くえ [츠쿠에]	**て**がみ [테가미]	**と**けい [토케~]
な행	여름	인간	개	고양이	김
	なつ [나츠]	**に**んげん [닝겐]	**い**ぬ [이누]	**ね**こ [네코]	**の**り [노리]

ハ行				
햄버거	힌트	프랑스	헤어	호텔
ハンバーガー	ヒント	フランス	ヘア	ホテル
[함바~가~]	[힌토]	[후랑스]	[헤아]	[호테루]

マ行				
마이너스	밀크	무드	메일	모델
マイナス	ミルク	ムード	メール	モデル
[마이나스]	[미루쿠]	[무~도]	[메~루]	[모데루]

ヤ行				
타이어		유니폼		요구르트
タイヤ		ユニホーム		ヨーグルト
[타이야]		[유니호~무]		[요~구루토]

ラ行				
라디오	리본	규칙	레스토랑	로그인
ラジオ	リボン	ルール	レストラン	ログイン
[라지오]	[리본]	[루~루]	[레스토랑]	[로구인]

ワ行・ン				
와인		에어컨		
ワイン	ヲ	エアコン		
[와인]	[오]	[에아콘]		

ヲ는 거의 사용되지 않습니다.

가타카나
●
カタカナ

전체 단어 듣기

스마트폰 카메라 앱을 켜고
여기에 대보세요!

ア행 아르바이트	이탈리아	우쿨렐레	공기	오일
アルバイト [아루바이토]	**イタリア** [이타리아]	**ウクレレ** [우쿠레레]	**エア** [에아]	**オイル** [오이루]
カ행 카드	기린	크리스마스	케이크	콜라
カード [카~도]	**キリン** [키린]	**クリスマス** [크리스마스]	**ケーキ** [케~키]	**コーラ** [코~라]
サ행 사이즈	시스템	스키	세트	서울
サイズ [사이즈]	**システム** [시스테무]	**スキー** [스키~]	**セット** [셋토]	**ソウル** [소~루]
タ행 담배	치즈	여행	테니스	화장실
タバコ [타바코]	**チーズ** [치즈]	**ツアー** [쯔아~]	**テニス** [테니스]	**トイレ** [토이레]
ナ행 칼	뉴스	누들	넥타이	노트
ナイフ [나이후]	**ニュース** [뉴스]	**ヌードル** [누~도루]	**ネクタイ** [네쿠타이]	**ノート** [노~토]

は행	다리	사람	옷	방	책
	はし [하시]	**ひと** [히토]	**ふく** [후쿠]	**へや** [헤야]	**ほん** [홍]
ま행	만화	귀	벌레	안경	숲
	まんが [망가]	**みみ** [미미]	**むし** [무시]	**めがね** [메가네]	**もり** [모리]
や행	야키니쿠		눈		밤
	やきにく [야키니쿠]		**ゆき** [유키]		**よる** [요루]
ら행	반짝반짝	사과	부재중	연습	녹음
	きらきら [키라키라]	**りんご** [링고]	**るす** [루스]	**れんしゅう** [렌슈~]	**ろくおん** [로쿠온]
わ행 - ん	나, 저	~을(를)	온도		
	わたし [와타시]	を는 조사로 씁니다. **~を** [오]	**おんど** [온도]	히라가나 ● ひらがな 전체 단어 듣기 스마트폰 카메라 앱을 켜고 여기에 대보세요!	

히라가나
가타카나
무작정
따라하기

토미 지음

길벗
이지:톡

히라가나 가타카나 무작정 따라하기

The Cakewalk Series : Hiragana Katakana

초판 발행 2021년 4월 5일
초판 2쇄 발행 2022년 11월 10일

지은이 · 토미
발행인 · 이종원
발행처 · (주)도서출판 길벗
브랜드 · 길벗이지톡
출판사 등록일 · 1990년 12월 24일
주소 · 서울시 마포구 월드컵로 10길 56(서교동)
대표 전화 · 02)332-0931 | **팩스** · 02)323-0586
홈페이지 · www.gilbut.co.kr | **이메일** · eztok@gilbut.co.kr

기획 및 책임편집 · 박정현(bonbon@gilbut.co.kr) | **표지 디자인** · 강은경 | **제작** · 이준호, 손일순, 이진혁
마케팅 · 이수미, 장봉석, 최소영 | **영업관리** · 김명자, 심선숙 | **독자지원** · 윤정아, 최희창

교정교열 · 정선영 | **본문 디자인** · 박수연 | **표지 일러스트** · 삼식이 | **본문 일러스트** · 김근예 | **전산편집** · 조영라
녹음 및 편집 · 와이알미디어 | **CTP 출력 및 인쇄** · 금강인쇄 | **제본** · 금강제본

ISBN 979-11-6521-435-7 03730
(길벗 도서번호 301077)

©토미, 2021

정가 11,500원

독자의 1초까지 아껴주는 길벗출판사
(주)도서출판 길벗 | IT교육서, IT단행본, 경제경영서, 어학&실용서, 인문교양서, 자녀교육서
www.gilbut.co.kr
길벗스쿨 | 국어학습, 수학학습, 어린이교양, 주니어 어학학습, 학습단행본
www.gilbutschool.co.kr

안수빈 | 20대, 사무직 회사원

낯선 글자들과 친해지게 해 주는 친절한 길잡이!

글자들을 귀와 눈으로 먼저 익히고, 어릴 적 한글 자모와 알파벳을 처음 배울 때처럼 손가락으로 슥슥 적어보고, 충분히 친해진 다음에야 비로소 연필로 쓰기 시작하기 때문에 새로운 언어에 대한 부담과 두려움을 한결 내려놓고 공부할 수 있었어요. 이렇게 적는 게 맞나 싶은 부분은 〈초보자가 하기 쉬운 실수 & 팁〉 코너에서 귀신같이 짚어주고, 비슷하게 생겨서 헷갈리기 쉬운 글자들은 꿀팁 코너의 귀여운 그림들로 연상 암기를 할 수 있어서 좋았어요.

송대영 | 40대, 여행 작가

4일만 투자한다면, 누구나 쉽게 익힐 수 있는 구성!

일본어를 배우기 위해 3번이나 시도했지만 히라가나와 가타카나의 벽을 넘지 못해 번번이 포기한 경험이 있습니다. 이 책은 짧으면 하루 1시간 20분씩, 4일만 투자한다면 누구나 지루하지 않게 끝낼 수 있는 구성이 맘에 듭니다. 글자 암기에 그치지 않고, 〈완성하기〉 부분에서는 응용된 글자나 발음의 원리를 쉽게 익힐 수 있어서 든든한 지원군과 함께하는 기분이었습니다.

박수현 | 30대, 마케터

학습자를 위한 섬세한 배려가 느껴지는 책!

도서 초반에 학습 스케줄을 두 가지로 나누어 놓은 것부터 학습자를 위한 섬세한 배려가 느껴집니다. 〈키보드 입력하기〉 부분은 일본어 키보드 입력 방법을 익히는 것은 물론, 글자 자체를 외우기에도 좋습니다. 가타카나에서는 같은 음의 히라가나를 병기해서 유용하네요. 〈받아쓰는 단어장〉은 초반에 워밍업 회차가 있어서 갑작스럽지 않게 받아쓰기에 적응할 수 있고, 단어와 사진이 함께 나와 있어서 단어가 기억에 오래 남을 것 같습니다.

임현빈 | 20대, 패션 디자이너

깨끗한 디자인에 귀여운 일러스트!

담백한 디자인에 핵심이 되는 부분이 잘 설명되어 있어서 공부하기가 수월했어요. 그리고 글자를 연습할 수 있는 칸도 많고, 이해하기 쉽게 알려줘서 처음 일본어를 배우는 사람에게 좋아요. 일러스트도 귀엽고 학습을 지루하지 않게 해줍니다. 특히 〈헷갈리는 히라가나〉 부분의 삽화가 재미있었어요.

베타테스트에 참여해주신 모든 분께 감사드립니다.

이 책을 만드는 동안 베타테스터로서 미리 학습해 보고, 여러 가지 좋은 의견을 주셨던
안수빈, 송대영, 박수현, 임현빈 님께 감사 드립니다.

여러분의 일본어 시작을 응원합니다!

후쿠오카 여행을 위해 군대에서 일본어를 시작하다!

전역 기념으로 후쿠오카로 여행을 떠난 적이 있어요. 저의 첫 해외여행이기도 해서 설레는 마음에 떠나기 두 달 전부터 군대에서 일본어 공부를 시작했습니다. 그때 군인 특유의 '뭐든지 할 수 있어!' 에너지로, 단지 여행을 가는 정도였는데도 진짜 열심히 했었던 것 같아요. 거기에 용기 하나는 대단해서, 후쿠오카에 도착해서는 현지 분들이랑 정말 열심히 이야기하고 다녔어요. 한 번은 공원 벤치에 앉아계신 일본 할머니와 우연

히 대화를 시작하게 되었는데, 한국의 정치 이슈 등 이런저런 얘기를 했던 게 기억에 남습니다. 그때 할머님이 제 일본어 실력을 칭찬해주시며 사주셨던 우동 맛까지도요.

혼자서 시작한 일본어 공부가 인생을 바꾸다!

여행에 다녀온 직후, 일본 여행에서의 기억이 아주 좋아서 다시 혼자서 일본어 공부를 시작했어요. 맨땅에 헤딩하는 심정으로 깜지도 써보고, 혼잣말도 해보고 손에 잡히는 대로 공부를 했었는데요. 이제 와서 생각해보면 그렇게 무모하게 공부했던 시간이 결과적으로 피가 되고 살이 된 것 같습니다. 열심히 공부한 덕분에 일본 효고 현에 교환학생으로서 다시 일본에 갈 수 있었습니다. 일본인 친구들도 사귀면서 언어적인 실수도

많이 저지르며(?) 또 실력이 늘었고요. 교환학생의 일상을 담은 Vlog로 응원도 많이 받았습니다. 돌아와서는 일본어 학원에서 강의도 해보았고, 현재는 외국계 기업에서 일하고 있습니다.

그래서 이 책은 이렇게 만들었습니다!

그래서 이 책에서는, 제가 그랬던 것처럼 일본어를 막 시작하신 여러분이 문자를 익히면서 겪을 시행착오를 줄여 드리고자 합니다! '히라가나는 비슷하게 생겨서 뭐가 뭔지 모르겠어', '가타카나는 어디서 발음을 길게 해주는 거야?' 등과 같이 일본어 초심자분들이 흔히 겪는 어려움이지만, 그렇다고 딱히 시원하게 알려주는 사람도 없는 의문점에 대해 중점적으로 다뤄 봤습니다. 그리고 또 하나 강조하고 싶은 점은, 정말 쉬운 말

로 설명하고자 했다는 점이에요. 일본어를 배우다 보면 영어 문법에도 없었던 희한한 용어들이 나오곤 합니다. 그때마다 제가 느꼈던 짜증스러운 마음을 여러분은 느끼지 않게 해드리기 위해 이 책에서만큼은 쉬운 설명이 가득하니 안심하세요.

여러분의 세상을 다채롭게 만들어 줄 일본어!

마지막으로 일본어를 막 시작하려는 여러분께 제가 해드리고 싶은 말씀은… 일본어를 배우신다면 반드시 다른 사람과 소통을 해보시라는 점!입니다. 언어는 타인과 교류하면서 더욱 발전한다는 아주 당연한 이유도 있지만, 여러분의 세상이 앞으로 두 배, 세 배 다채롭고 넓어질 거라는 이유도 함께 말씀드리고 싶습니다. 저 또한 일본어를 배우면서 많은 인연과 기회를 맞이하고 일본어가 아니었으면 없었을 경험들을 해보기도

했습니다. '일본어는 경쟁력이 없다'는 주변의 말은 무시하셔도 돼요. 일본어 공부를 통해 충분히 여러분의 세상이 달라질 수 있습니다. 저보다 훨씬 더 많은 기회를 얻으실 수 있기를 바랄게요. 일본어 공부를 시작한 여러분을 환영합니다!

토리

전체
마당

가능한 힘들이지 않고 공부할 수 있도록 step by step 구성과 적재적소에 배치된 다양한
코너, 자세하고 친절한 설명으로 풀어냈습니다.

1단계 귀로, 눈으로 익히기

처음 글자를 배울 때, 부담 없이 글자를 구경하
며 시작할 수 있는 마디입니다. 청각과 시각에
만 집중할 수 있도록, 한글 발음 표기는 최소화
했습니다.

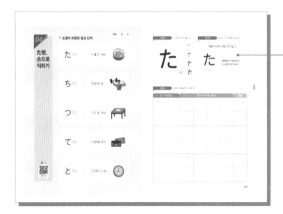

2단계 손으로 익히기

손으로 써보면서 글자와 친해지는 마디입니다.
각 행의 첫 장에는 일상생활에서 많이 쓰는 단
어와 일러스트가 나옵니다. 각 글자는 획순과
시작점이 표시되어 있습니다. 초보자가 자주
하는 실수와 팁을 통해 바르게 쓰는 방법을 배
운 뒤, 충분히 연습할 수 있도록 페이지를 구성
했습니다.

3단계 완성하기

글자를 조합해 다양한 소리를 표현하는 방법과
꼭 알아야 할 글자 관련 규칙을 소개한 마디입
니다. 이해를 돕기 위해 한글 발음을 병기했고,
장음은 물결표로 표기하여 강조했습니다.

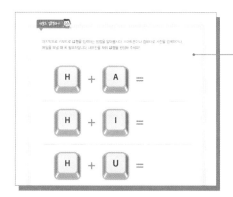

키보드 입력하기

일본어를 계속 공부하다 보면, 글자를 직접 쓰는 것보다 키보드로 입력하는 일이 더 많습니다. 그래서 이 책은 퀴즈 겸 키보드 입력법을 배우는 코너를 준비했습니다.

헷갈리는 히라가나, 가타카나

히라가나와 가타카나 암기가 어려운 이유에는 비슷한 글자들이 많다는 것도 한몫합니다. 그래서 2단계 마지막에 헷갈리는 글자를 구분하는 팁을 정리했습니다.

받아쓰는 단어장

: 암기 여부를 확실하게 알 수 있는 받아쓰기를 준비했습니다. 받아쓰기를 마치면 사진이 있는 단어장으로 활용할 수 있습니다.

히라가나, 가타카나 단어를 다양한 주제로 묶어서 받아쓰기 문제를 구성했습니다. 초급자에게 어려운 글자는 빈칸에 미리 표기하였습니다.

학 습 스 케 줄

〈히라가나 가타카나 무작정 따라하기〉의 학습 스케줄은 하루 학습 가능 시간에 따라 두 가지로 구성하였습니다.
자신의 학습 스타일에 맞는 코스를 선택하세요.

코스 ① · 4일 완성 스케줄 (⏱ 하루 1시간 20분)

	Day 01	Day 02		Day 03	Day 04
첫째마당 · 히라가나	**첫째**마디 귀로 익히기 ▶ 영상강의 **둘째**마디 손으로 익히기	**셋째**마디 히라가나 완성하기 ▶ 음성강의 받아쓰는 단어장 1회~5회	**둘째마당** · 가타카나	**넷째**마디 눈으로 익히기 ▶ 영상강의 **다섯째**마디 손으로 익히기	**여섯째**마디 가타카나 완성하기 ▶ 음성강의 받아쓰는 단어장 6회~10회

코스 ② · 10일 완성 스케줄 (⏱ 하루 30분)

	Day 01	Day 02	Day 03	Day 04	Day 05
첫째마당 · 히라가나	**첫째**마디 귀로 익히기 ▶ 영상강의 **둘째**마디① 손으로 익히기 (あ・か・さ행)	**둘째**마디② 손으로 익히기 (た・な・は행)	**둘째**마디③ 손으로 익히기 (ま・や・ら・わ행)	**셋째**마디 히라가나 완성하기 ▶ 음성강의	받아쓰는 단어장 1회~5회
	Day 06	**Day 07**	**Day 08**	**Day 09**	**Day 10**
둘째마당 · 가타카나	**넷째**마디 눈으로 익히기 ▶ 영상강의 **다섯째**마디① 손으로 익히기 (ア・カ・サ행)	**다섯째**마디② 손으로 익히기 (タ・ナ・ハ행)	**다섯째**마디③ 손으로 익히기 (マ・ヤ・ラ・ワ행)	**여섯째**마디 가타카나 완성하기 ▶ 음성강의	받아쓰는 단어장 6회~10회

히라가나

1. 히라가나는 어디에 쓰나?

히라가나는 일본어를 표기하는 문자들 중에서 **가장 기본**이 되는 문자입니다. **히라가나는 보통 외래어가 아닌 일본 고유어를 표기하는 데에 사용**되고 있습니다. 예를 들면, '오렌지'와 같은 외래어는 히라가나로 표기하지 않지만, '사과'와 같은 일본어 고유어는 히라가나로 **りんご**라고 쓰고 '링고'라고 읽습니다. 일본어에 조금 관심이 있으신 여러분들이라면, 일본어가 한자와 함께 다양한 문자들을 섞어 쓰는 모습을 많이 보셨을 텐데, 이 중에서 무언가 둥글둥글~하게 쓰여있는 문자들을 보신 적이 있다면 그게 바로 히라가나입니다.

---

2. 행과 단? 그게 무슨 소리야?

행은 "자음"이 같은 친구들, 단은 "모음"이 같은 친구들의 모임입니다. 행은 行(가로 행), 단은 段(횡 단)이라는 한자를 사용하는데요. 하지만 굳이 이 중에서 무엇이 가로이고 세로인지 구분하실 필요는 없습니다.

행은 '자음', 단은 '모음', 이것만 기억해 주세요.

> ➡ 잠깐만요!
>
> Q : '오'와 '카' 중에서 '아 행'에 속하는 것은 어느 것일까요?
> A : 자음이 같은 '오'

---

3. 히라가나의 유래는?

히라가나는 한자의 모양에서 착안해서 만들어진 문자입니다. 우리나라와 마찬가지로 일본 역시 아주 옛날에 중국으로부터 한자를 수입했죠. 다만, 기존 **일본어를 한자만으로 표기하는 것은 불가능했기 때문에 그를 보완하기 위해 히라가나가 탄생했습니다.** 아래 그림은 히라가나 탄생에 영감을 준 한자들입니다. 그래서 그런지 베이스가 된 한자들과 히라가나를 비교해보면 모양도 발음도 비슷하답니다. 한 번 글자들을 보면서 정말 그런지 확인해보는 것도 재밌을 것 같아요.

히라가나	あ	い	う	え	お	か	き	く	け	こ	…
한자 [음]	安 [あん]	以 [い]	宇 [う]	衣 [い]	於 [お]	加 [か]	幾 [き]	久 [く]	計 [けい]	己 [こ]	…

가타카나

1. 가타카나는 어디에 쓰나?

히라가나가 일본어의 고유어를 표기하는 데 주로 사용되었다면, 가타카나는 주로 외래어 표기에 사용됩니다. 우리가 오렌지, 카메라 등과 같은 외래어 역시 한글로 표기하는 것과 달리, 일본은 외래어를 표기하는 문자가 이렇게 별도로 있습니다. 모양으로 보았을 때, 가타카나는 히라가나와는 다르게 주로 각진 모양으로 이루어져 있습니다.

예를 들어

オレンジ(오렌지), カメラ(카메라)를 히라가나로 표기하면

おれんじ(오렌지), かめら(카메라)가 됩니다.

비교해보면 가타카나가 비교적 각져있는 모습이 보이시나요?

이외에도 가타카나는 의성어, 의태어, 강조 표현 등 다방면에서 사용됩니다.

- -

2. 가타카나는 천천히 외워도 된다?

일본에서는 외래어를 굉장히 자주 쓰기 때문에, 가타카나를 반드시 외워야 합니다. 하지만, 기초 과정에서는 히라가나만으로도 충분히 일본어 학습이 가능하기 때문에 가타카나 암기가 급한 과제는 아닙니다. 그보다는 일본어 학습을 포기하지 않고 꾸준히 하는 것이 중요해요. 가타카나 암기가 부담스럽다면, 가타카나는 초반에 완벽하게 외우지 않아도 됩니다. 대신 일본어 공부를 하면서 만나는 가타카나 단어를 보며 익숙해지는 데에 의의를 두세요!

꿀팁! 키보드 설정법

앞으로 일본어를 본격적으로 공부하다보면 사전 찾기, 메시지 보내기 등 자판 사용법이 꼭 필요해집니다! 그때 활용해 보세요.

- **PC**
  1. [⊞] ➡ [설정] ➡ [시간 및 언어] ➡ [언어]
  2. [기본 설정 언어 추가하기] ➡ '일본어' 검색 후 설치
  3. [Alt] + [Shift]를 누르면 일본어로 전환

- **스마트폰** ① 안드로이드
  1. [설정] ➡ [일반] ➡ [키보드 설정] ➡ [언어 및 키보드 형식]
  2. [입력 언어 관리] ➡ [일본어] 다운로드
  3. 키보드를 띄운 후 [🌐] 아이콘을 클릭해서 일본어로 전환

  ② iOS
  1. [설정] ➡ [일반] ➡ [키보드]
  2. [새로운 키보드 추가하기] ➡ [일본어] 체크 후 [완료]
  3. 키보드를 띄운 후 [🌐] 아이콘을 클릭해서 일본어로 전환

* 기기의 종류나 소프트 웨어 버전에 따라 설정 방법이 다를 수 있습니다.

히라가나 익히기

첫째마디 · 히라가나, 귀로 익히기
둘째마디 · 히라가나, 손으로 익히기
셋째마디 · 히라가나 완성하기

첫째마당에서는 일본어의 기본이 되는 히라가나를 배웁니다. 학습 과정은 총 3단계입니다. 처음에는 히라가나를 귀로 익히면서 암기에 대한 부담없이 친해지세요. 그 다음에는 손으로 히라가나를 익혀 보세요. 직접 써봐야 눈에 들어오는 요소들이 있습니다. 그리고 마지막으로는 지금까지 외운 히라가 나를 응용해서 다양한 소리를 표기하는 방법을 배워보세요.

	あ단	い단	う단	え단	お단
あ행	あ	い	う	え	お
か행	か	き	く	け	こ
さ행	さ	し	す	せ	そ
た행	た	ち	つ	て	と
な행	な	に	ぬ	ね	の
は행	は	ひ	ふ	へ	ほ
ま행	ま	み	む	め	も
や행	や		ゆ		よ
ら행	ら	り	る	れ	ろ
わ행	わ				を
	ん				

◀ 행: 자음이
같은 친구들

▲ 단 : 모음이
같은 친구들

•

히라가나,
귀로 익히기

히라가나를 시작하신 여러분 환영합니다! 첫째마디는 히라가나를 귀로 익히는 단계입니다. 음성 파일을 통해, 한글로 표기할 수 없는 일본어의 미묘한 발음을 들어보세요. 영상 강의에서는 함께 글자를 읽어보고, 어려운 발음은 팁을 얻어가세요!

함께 읽어봐요!

히라가나, 귀로 익히기

강의 및 예문 듣기

이번 마디는 모양보다 소리에 집중하는 것이 포인트입니다! 그래서 소리에 집중할 수 있도록 한글 발음 표기는 최소화했습니다. 가볍게 눈으로 읽으며 '이렇게 생겼구나~' 하고 구경하는 느낌으로 봐주세요. 외우는 것보다는 듣고 따라 읽으면서 발음을 입에 붙이는 것이 목표입니다. 이번 마디를 잘 마치면, 일본 어린이들처럼 글자는 못 읽어도 발음은 제대로 할 수 있습니다.

함께 읽어볼까요? 📖✏️

1. 카메라 어플로 QR코드를 스캔하면 영상을 볼 수 있습니다.
2. 먼저 히라가나를 읽어드립니다. 소리를 기억해보세요.
3. 글자가 나오면 박자에 맞춰 따라 읽어보세요.
4. 입이 히라가나를 읽는 것에 익숙해질 때까지 반복해보세요.

🎧 1-1

❶ 청음

あ[아]행

あ   い   う   え   お

> **Tip** う는 '우'가 아니에요. '우'가 입술을 쭈~욱 내민다면, う는 입술을 그의 반만 내밀고 그 상태에서 '으'라고 하면 됩니다. 다른 모든 う단의 글자에도 해당되므로 유의해서 발음해 주세요!

か[카]행

か   き   く   け   こ

さ[사]행

さ　し　す　せ　そ

た[타]행

た　ち　つ　て　と

Tip　つ는 '쯔'도 아니고 그렇다고 '츠'도 아니에요. 이 부분은 영상을 보면서 함께 연습해볼까요?

な[나]행

な　に　ぬ　ね　の

は[하]행

は　ひ　ふ　へ　ほ

ま[마]행

ま　み　む　め　も

や[야]행

や   ゆ   よ

ら[라]행

ら   り   る   れ   ろ

わ[와]행   ん[음]

わ   を   ん

Tip   を는 お와 완전히 같은 발음입니다.

❷ 탁음

が[개]행

が   ぎ   ぐ   げ   ご

ざ[재]행

ざ   じ   ず   ぜ   ぞ

Tip   ざ행은 [ㅈ]보다는 [z]에 가까운 발음입니다.

だ[다]행

だ　ぢ　づ　で　ど

ば[바]행

ば　び　ぶ　べ　ぼ

❸ 반탁음

ぱ[파]행

ぱ　ぴ　ぷ　ぺ　ぽ

Q 히라가나 오른쪽 위에 뭔가 붙었네요?

A 이렇게 오른쪽 위에 뭔가 붙은 것을 탁음, 반탁음이라고 해요.
〈탁음〉
큰따옴표 같은 모양의 탁점(゛)이 붙은 것입니다. [ㄱ], [ㄷ], [ㅂ]보다는 약간 탁하고 느끼하게 발음해 주세요!
〈반탁음〉
작은 동그라미 모양의 반탁점(゜)이 붙은 것입니다.

•

히라가나,
손으로 익히기

이번 단계는 히라가나와 더욱 친해지는 단계입니다. 직접 써보면 글자의 생김새를 확실히 알 수 있고, 기억에도 오래 남는답니다. 획순에서는 획의 시작 부분을 표시했습니다. 초보자들이 많이 실수하는 부분도 꼭 읽어 보세요. 자 그럼 시작해 볼까요?

01

**あ행,
손으로
익히기**

🔍 **あ행이 포함된 일상 단어**

あ [아]　　あさ 아침

い [이]　　いす 의자

う [우]　　うそ 거짓말

え [에]　　えき 역

🎧 2-1

발음 듣기

お [오]　　おかね 돈

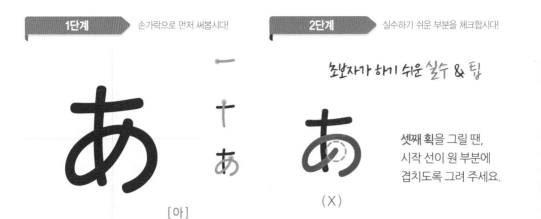

あ

一
十
あ

[아]

초보자가 하기 쉬운 실수 & 팁

あ
(X)

셋째 획을 그릴 땐,
시작 선이 원 부분에
겹치도록 그려 주세요.

크게 써봐요	작게 여러 번 써봐요			복습용

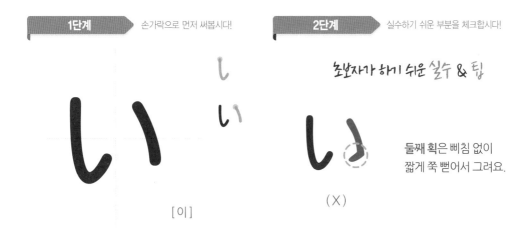

1단계 손가락으로 먼저 써봅시다!

2단계 실수하기 쉬운 부분을 체크합시다!

초보자가 하기 쉬운 실수 & 팁

[이]

(X)

둘째 획은 삐침 없이
짧게 쭉 뻗어서 그려요.

3단계 글자에 익숙해질 때까지 써봅시다!

크~게 써봐요	작게 여러 번 써봐요				복습용

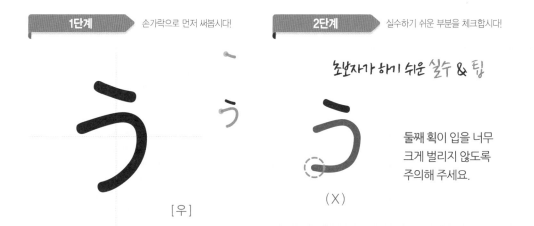

[우]

초보자가 하기 쉬운 실수 & 팁

(X)

둘째 획이 입을 너무
크게 벌리지 않도록
주의해 주세요.

3단계 ▶ 글자에 익숙해질 때까지 써봅시다!

크게 써봐요	작게 여러 번 써봐요			복습용

[에]

초보자가 하기 쉬운 실수 & 팁

(X)

첫째 획의 방향을 조심
하세요! 왼쪽 위에서
시작해서 오른쪽 아래로
떨어지게 그려 주세요.

크~게 써봐요	작게 여러 번 써봐요			복습용

ー
お
お

お

[오]

초보자가 하기 쉬운 실수 & 팁

お
(X)

**둘째 획은 끊지 말고
한 번에 그려 주세요.**

크~게 써봐요	작게 여러 번 써봐요			복습용

마지막으로 키보드로 **あ**행을 입력하는 방법을 알아봅시다. 스마트폰이나 컴퓨터로 사전을 검색하거나,
메일을 보낼 때 꼭 필요하답니다. 네모칸을 채워 **あ**행을 완성해 주세요!

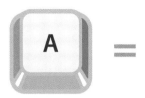 =

 =

 =

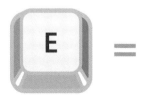 =

 =

🔍 **か행이 포함된 일상 단어**

か [카] ｜ **か**いしゃ 회사

き [키] ｜ **き** 나무

く [쿠] ｜ **く**すり 약

け [케] ｜ **け**が 상처

こ [코] ｜ **こ**え 목소리

か행,
손으로
익히기

🎧 2-2

발음 듣기

1단계 손가락으로 먼저 써봅시다!

つ
カ
か

[카]

2단계 실수하기 쉬운 부분을 체크합시다!

초보자가 하기 쉬운 실수 & 팁

(X)

첫째 획은 삐침을 꼭
넣어주세요.

3단계 글자에 익숙해질 때까지 써봅시다!

크~게 써봐요	작게 여러 번 써봐요				복습용

초보자가 하기 쉬운 실수 & 팁

[키]

き
(O)

셋째 획과 넷째 획을
붙여서 그려도 돼요.

3단계 글자에 익숙해질 때까지 써봅시다!

크~게 써봐요	작게 여러 번 써봐요				복습용

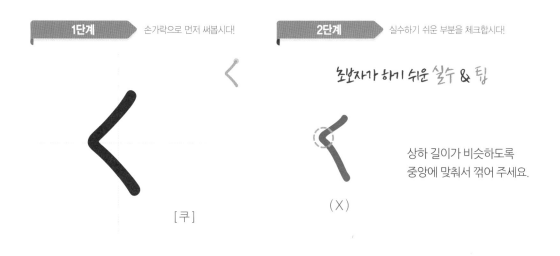

손가락으로 먼저 써봅시다!

실수하기 쉬운 부분을 체크합시다!

초보자가 하기 쉬운 실수 & 팁

상하 길이가 비슷하도록
중앙에 맞춰서 꺾어 주세요.

[쿠]

(X)

글자에 익숙해질 때까지 써봅시다!

크~게 써봐요	작게 여러 번 써봐요			복습용

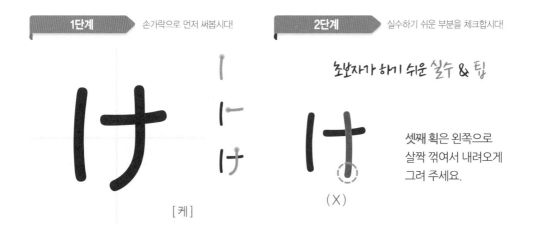

초보자가 하기 쉬운 실수 & 팁

[케]

(X)

셋째 획은 왼쪽으로
살짝 꺾여서 내려오게
그려 주세요.

3단계 글자에 익숙해질 때까지 써봅시다!

크게 써봐요	작게 여러 번 써봐요				복습용

032

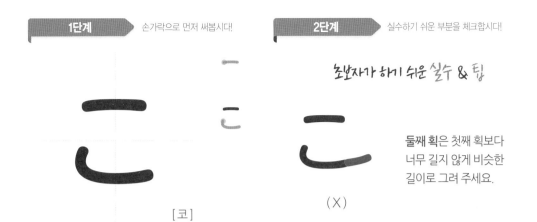

초보자가 하기 쉬운 실수 & 팁

둘째 획은 첫째 획보다
너무 길지 않게 비슷한
길이로 그려 주세요.

[코]

(X)

크게 써봐요	작게 여러 번 써봐요		복습용

마지막으로 키보드로 か행을 입력하는 방법을 알아봅시다. 스마트폰이나 컴퓨터로 사전을 검색하거나,
메일을 보낼 때 꼭 필요하답니다. 네모칸을 채워 か행을 완성해 주세요!

K + A =

K + I =

K + U =

K + E =

K + O =

🔍 さ행이 포함된 일상 단어

**さ행,
손으로
익히기**

さ [사]	**さ**いふ 지갑 
し [시]	**し**ま 섬 
す [스]	**す**し 초밥 
せ [세]	**せ**き 자리
そ [소]	**そ**うじ 청소 

🎧 2-3

발음 듣기

一
さ
さ

[사]

초보자가 하기 쉬운 실수 & 팁

さ
(O)

둘째 획과 셋째 획을
붙여서 그려도 돼요.

크~게 써봐요	작게 여러 번 써봐요				복습용

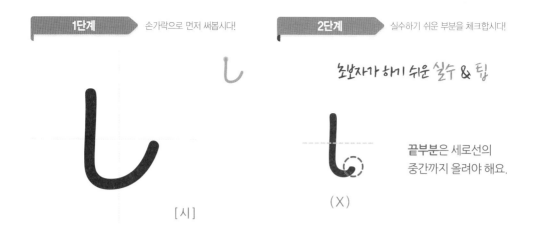

초보자가 하기 쉬운 실수 & 팁

[시]

(X)

끝부분은 세로선의
중간까지 올려야 해요.

さ행

3단계 ▶ 글자에 익숙해질 때까지 써봅시다!

크게 써봐요	작게 여러 번 써봐요			복습용

초보자가 하기 쉬운 실수 & 팁

[스]

(X)

둘째 획은 내리는 선과
동그란 부분이 일직선으로
닿게 그려 주세요.

크~게 써봐요	작게 여러 번 써봐요			복습용

1단계 손가락으로 먼저 써봅시다!

2단계 실수하기 쉬운 부분을 체크합시다!

세

一
ㅓ
세

[세]

초보자가 하기 쉬운 실수 & 팁

(X)

첫째 획은 끝부분에
삐침이 있으면 안 돼요.

3단계 글자에 익숙해질 때까지 써봅시다!

크게 써봐요	작게 여러 번 써봐요				복습용

[소]

초보자가 하기 쉬운 실수 & 팁

(X)

윗부분은 둥글지 않고
영어 Z처럼 각지게
그려 주세요.

크게 써봐요	작게 여러 번 써봐요			복습용

마지막으로 키보드로 さ행을 입력하는 방법을 알아봅시다. 스마트폰이나 컴퓨터로 사전을 검색하거나,
메일을 보낼 때 꼭 필요하답니다. 네모칸을 채워 さ행을 완성해 주세요!

S	+	A	=

S	+	I	=

S	+	U	=

S	+	E	=

S	+	O	=

さ行

🔍 た행이 포함된 일상 단어

た행,
손으로
익히기

た [타] | たまご 계란

ち [치] | ちから 힘

つ [츠] | つくえ 책상

て [테] | てがみ 편지

と [토] | とけい 시계

🎧 2-4

발음 듣기

손가락으로 먼저 써봅시다!

실수하기 쉬운 부분을 체크합시다!

초보자가 하기 쉬운 실수 & 팁

一
ナ
た

た
[타]

た
(X)

셋째 획이 넷째 획보다
조금 짧게 해 주세요.

글자에 익숙해질 때까지 써봅시다!

크~게 써봐요	작게 여러 번 써봐요			복습용

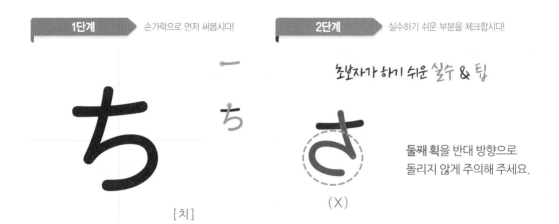

ち
ー
ち

[치]

초보자가 하기 쉬운 실수 & 팁

さ
(X)

둘째 획을 반대 방향으로
돌리지 않게 주의해 주세요.

크~게 써봐요	작게 여러 번 써봐요				복습용

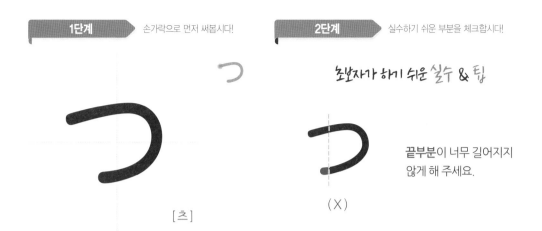

1단계 손가락으로 먼저 써봅시다!

2단계 실수하기 쉬운 부분을 체크합시다!

초보자가 하기 쉬운 실수 & 팁

[츠]

(X)

끝부분이 너무 길어지지
않게 해 주세요.

3단계 글자에 익숙해질 때까지 써봅시다!

크~게 써봐요	작게 여러 번 써봐요				복습용

た
행

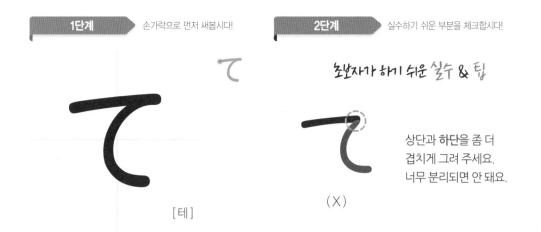

초보자가 하기 쉬운 실수 & 팁

て

[테]

て

(X)

상단과 **하단**을 좀 더
겹치게 그려 주세요.
너무 분리되면 안 돼요.

3단계 글자에 익숙해질 때까지 써봅시다!

크게 써봐요	작게 여러 번 써봐요				복습용

손가락으로 먼저 써봅시다!

실수하기 쉬운 부분을 체크합시다!

초보자가 하기 쉬운 실수 & 팁

と

と

[토]

と

(X)

둘째 획의 처음과 끝은
가상의 수직선에 닿는다고
생각하고, 너무 길지 않게
그려 주세요.

글자에 익숙해질 때까지 써봅시다!

크게 써봐요	작게 여러 번 써봐요			복습용

마지막으로 키보드로 た행을 입력하는 방법을 알아봅시다. 스마트폰이나 컴퓨터로 사전을 검색하거나,
메일을 보낼 때 꼭 필요하답니다. 네모칸을 채워 た행을 완성해 주세요!

* TI 대신 발음이 비슷한 CHI를 입력해도 됩니다.

* TU 대신 발음이 비슷한 TSU를 입력해도 됩니다.

🔍 **な행이 포함된 일상 단어**

な행,
손으로
익히기

な [나] 　　 **なつ** 여름

に [니] 　　 **にんげん** 인간

ぬ [누] 　　 **いぬ** 개

ね [네] 　　 **ねこ** 고양이

の [노] 　　 **のり** 김

🎧 2-5

발음 듣기

な

一 ナ ナ な

[나]

초보자가 하기 쉬운 실수 & 팁

な
(X)

셋째 획은 첫째 획 위로
올라가면 안 돼요.

크~게 써봐요	작게 여러 번 써봐요				복습용

초보자가 하기 쉬운 실수 & 팁

ㄴ ㄴ ㄴ

[니]

(X)

두 줄의 간격은 너무 좁지
않게 해 주세요.

크~게 써봐요	작게 여러 번 써봐요			복습용

나
행

[누]

초보자가 하기 쉬운 실수 & 팁

(X)

첫째 획과 둘째 획의
교차점은 두 개여야 해요.

크게 써봐요	작게 여러 번 써봐요				복습용

초보자가 하기 쉬운 실수 & 팁

ね

[네]

ね

(X)

둘째 획이 처음 꺾이는
부분은 첫 획과 겹쳐야 해요.

크게 써봐요	작게 여러 번 써봐요				복습용

な행

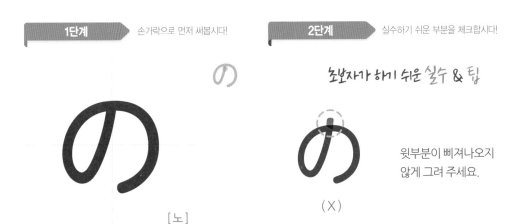

の

초보자가 하기 쉬운 실수 & 팁

[노]

(X)

윗부분이 삐져나오지
않게 그려 주세요.

크게 써봐요	작게 여러 번 써봐요			복습용

마지막으로 키보드로 **な**행을 입력하는 방법을 알아봅시다. 스마트폰이나 컴퓨터로 사전을 검색하거나,
메일을 보낼 때 꼭 필요하답니다. 네모칸을 채워 **な**행을 완성해 주세요!

な
행

06

は행,
손으로
익히기

🔍 **は행이 포함된 일상 단어**

は [하]	**はし** 다리	
ひ [히]	**ひと** 사람	
ふ [후]	**ふく** 옷	
へ [헤]	**へや** 방	
ほ [호]	**ほん** 책	

🎧 2-6

발음 듣기

초보자가 하기 쉬운 실수 & 팁

[하]

(X)

셋째 획은 수직으로
내리면서 시작해 주세요.

3단계 글자에 익숙해질 때까지 써봅시다!

크~게 써봐요	작게 여러 번 써봐요			복습용

초보자가 하기 쉬운 실수 & 팁

[히]

(X)

오른쪽 팔이 확실하게
아래 방향을 향하도록
그려 주세요.

크게 써봐요	작게 여러 번 써봐요				복습용

초보자가 하기 쉬운 실수 & 팁

ふ

ろ
ふ
ふ

[후]

ふ

(O)

숫자 3처럼 써 주면
쉬워요.

크~게 써봐요	작게 여러 번 써봐요				복습용

は 행

초보자가 하기 쉬운 실수 & 팁

산꼭대기가 왼쪽이 되도록
해 주세요.

(X)

[헤]

3단계 ▶ 글자에 익숙해질 때까지 써봅시다!

크~게 써봐요	작게 여러 번 써봐요			복습용

초보자가 하기 쉬운 실수 & 팁

ほ

一
に
ほ

[호]

ほ
(X)

넷째 획은 둘째 획 위로
삐져나오면 안 돼요.

크~게 써봐요	작게 여러 번 써봐요				복습용

は
행

마지막으로 키보드로 **ᄒ**행을 입력하는 방법을 알아봅시다. 스마트폰이나 컴퓨터로 사전을 검색하거나, 메일을 보낼 때 꼭 필요하답니다. 네모칸을 채워 **ᄒ**행을 완성해 주세요!

H + O =

ま행이 포함된 일상 단어

ま행, 손으로 익히기

ま [마]	**ま**んが 만화
み [미]	*みみ* 귀
む [무]	**む**し 벌레 
め [메]	**め**がね 안경 
も [모]	**も**り 숲 

발음 듣기

초보자가 하기 쉬운 실수 & 팁

[마]

(X)

둘째 획은 첫째 획보다
짧게 그려 주세요.

크게 써봐요	작게 여러 번 써봐요				복습용

み

み

み

[미]

초보자가 하기 쉬운 실수 & 팁

み
(X)

둘째 획은 반대 방향
으로 내리지 않게
주의해 주세요.

크~게 써봐요	작게 여러 번 써봐요			복습용

ま행

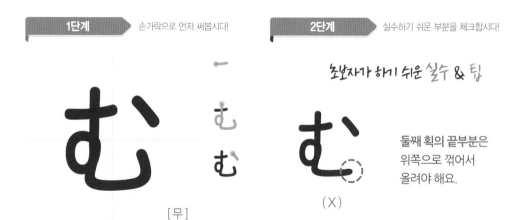

1단계 손가락으로 먼저 써봅시다!

2단계 실수하기 쉬운 부분을 체크합시다!

초보자가 하기 쉬운 실수 & 팁

む

[무]

む (X)

둘째 획의 끝부분은
위쪽으로 꺾어서
올려야 해요.

3단계 글자에 익숙해질 때까지 써봅시다!

크~게 써봐요	작게 여러 번 써봐요			복습용

초보자가 하기 쉬운 실수 & 팁

め

い　め

[메]

ぬ

(X)

ぬ[누]와 헷갈리지
않도록 주의하세요.

크게 써봐요	작게 여러 번 써봐요			복습용

ま행

초보자가 하기 쉬운 실수 & 팁

[모]

셋째 획의 끝부분은
위쪽으로 꺾어서
올려야 해요.

(X)

3단계 글자에 익숙해질 때까지 써봅시다!

크게 써봐요	작게 여러 번 써봐요				복습용

마지막으로 키보드로 ま행을 입력하는 방법을 알아봅시다. 스마트폰이나 컴퓨터로 사전을 검색하거나,
메일을 보낼 때 꼭 필요하답니다. 네모칸을 채워 ま행을 완성해 주세요!

ま
행

や행이 포함된 일상 단어

や [야]	やきにく 야키니쿠	
ゆ [유]	ゆき 눈	
よ [요]	よる 밤	

08

や행,
손으로
익히기

2-8

발음 듣기

つ
つ
や

や

[야]

초보자가 하기 쉬운 실수 & 팁

や

(X)

첫째 획은 평평하지 않고,
오른쪽으로 살짝 올라가게
그려 주세요.

3단계 글자에 익숙해질 때까지 써봅시다!

크게 써봐요	작게 여러 번 써봐요			복습용

や
행

초보자가 하기 쉬운 실수 & 팁

[유]

(X)

둘째 획은 정중앙보다는
살짝 오른쪽을 관통하도록
그려 주세요.

크게 써봐요	작게 여러 번 써봐요				복습용

[요]

초보자가 하기 쉬운 실수 & 팁

(X)

둘째 획은 수직으로
내려오게 그려 주세요.

3단계   글자에 익숙해질 때까지 써봅시다!

크게 써봐요	작게 여러 번 써봐요				복습용

や행

마지막으로 키보드로 や행을 입력하는 방법을 알아봅시다. 스마트폰이나 컴퓨터로 사전을 검색하거나, 메일을 보낼 때 꼭 필요하답니다. 네모칸을 채워 や행을 완성해 주세요!

ら행, 손으로 익히기

ら [라]	**きら**きら 반짝반짝	
り [리]	**り**んご 사과	
る [루]	**る**す 부재중	
れ [레]	**れ**んしゅう 연습	
ろ [로]	**ろ**くおん 녹음	

🎧 2-9

발음 듣기

초보자가 하기 쉬운 실수 & 팁

ら

[라]

(X)

둘째 획은 첫째 획에
닿게 그리면 안 돼요.

크~게 써봐요	작게 여러 번 써봐요				복습용

손가락으로 먼저 써봅시다!

실수하기 쉬운 부분을 체크합시다!

리

[리]

초보자가 하기 쉬운 실수 & 팁

リ

(X)

둘째 획은 첫째 획보다
훨씬 길게 그려 줘야 해요.

글자에 익숙해질 때까지 써봅시다!

크게 써봐요	작게 여러 번 써봐요			복습용

ㄹ
행

[루]

초보자가 하기 쉬운 실수 & 팁

る

(X)

끝부분은 삐져나오면
안 돼요.

크~게 써봐요	작게 여러 번 써봐요				복습용

初보자가 하기 쉬운 실수 & 팁

れ

ー
れ

れ
(X)

[레]

첫 획은 수직으로
내려 주세요.

크게 써봐요	작게 여러 번 써봐요			복습용

ら행

[로]

초보자가 하기 쉬운 실수 & 팁

(X)

곡선의 시작은 조금 겹치게
그려 주세요.

크~게 써봐요	작게 여러 번 써봐요			복습용

마지막으로 키보드로 ら행을 입력하는 방법을 알아봅시다. 스마트폰이나 컴퓨터로 사전을 검색하거나, 메일을 보낼 때 꼭 필요하답니다. 네모칸을 채워 ら행을 완성해 주세요!

R + I =

R + U =

ら
행

10

わ행과 ん, 손으로 익히기

📍 **わ행이 포함된 일상 단어**

わ [와] | **わたし** 나, 저

を [오] | **を**는 조사(~을/를)로 씁니다.

📍 **ん이 포함된 일상 단어**

ん [음] | **おんど** 온도

わ

ー
わ

[와]

초보자가 하기 쉬운 실수 & 팁

わ

(X)

둘째 획이 처음 꺾이는
부분은 첫 획과 겹쳐야 해요.

크게 써봐요	작게 여러 번 써봐요			복습용

わ
행
·
ん

초보자가 하기 쉬운 **실수 & 팁**

[오]

(X)

마지막 획의 **끝부분**은 너무 길지 않게 그려 주세요.

크게 써봐요	작게 여러 번 써봐요			복습용

ん

ん

[음]

초보자가 하기 쉬운 실수 & 팁

ん

(X)

수직으로 내려서
시작하면 안 돼요.
비스듬하게 그려 주세요.

크~게 써봐요	작게 여러 번 써봐요			복습용

わ
행
·
ん

마지막으로 키보드로 わ행과 ん을 입력하는 방법을 알아봅시다. 스마트폰이나 컴퓨터로 사전을 검색하거나, 메일을 보낼 때 꼭 필요합니다. 네모칸을 채워 わ행과 ん을 완성해 주세요!

헷갈리는 히라가나

히라가나가 잘 안 외워지는 이유는 비슷하게 생긴 글자가 많아서일 거예요. 헷갈리는 글자끼리 모아서 확실히 정리해봅시다!

❶ あ[아] vs お[오]

> **구별법** あ[아]는 '아'**무것도** 없어요!
> お[오]는 '오'른쪽 위에 잎이 있는 '오'**렌지**처럼 생겼어요.

❷ き[키] vs さ[사] vs ち[치]

> **구별법** き[키]는 '키'**타**처럼 줄이 여러 개 있어요.
> ち[치]는 삐져서 '치!'하고 고개를 돌려버린 얼굴 같고,
> さ[사]는 삐진 친구를 웃으며 달래주는 '사'**랑**이 많은 친구 같아요.

❸ い[이] vs り[리]

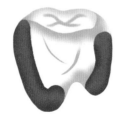 

구별법 い[이]는 '이'처럼 생겼어요.
り[리]는 '리본처럼 꼬리가 길어요.

❹ ね[네] vs れ[레] vs わ[와]

구별법 ね[네]는 ㄴ이, れ[레]는 ㄹ이, わ[와]는 ㅇ이 옆구리에 숨어있어요.

❺ る[루] vs ろ[로]

구별법 る[루]는 자기 꼬리에 '루'비를 하나 숨겨놨어요.
ろ[로]는 아무것도 없어요.

❻ ぬ[누] vs め[메]

구별법 ぬ[누], め[메]는 '눈매'라고 생각해 주세요.
둘 다 눈처럼 생겼는데 ぬ[누]에는 '눈'곱이 있네요!

⑦ は[하] vs ほ[호]

┌구별법┐ 두 글자 다 ㅎ이 들어있는 것처럼 보여요.
は[하]는 **손으로 안 가리고 털털하게** '하하' 웃고 있는 모습이고,
ほ[호]는 입을 **손(─)으로 가리고** '호호' 웃고 있는 모습이에요.

⑧ ま[마] vs も[모]

┌구별법┐ ま[마]는 **먹는** '마'처럼 생겼네요!
も[모]는 한자 '**毛**(털 모)'에서 따와서 그런지 많이 닮았어요.

셋째마디

•

히라가나
완성하기

마지막으로 히라가나를 완성하는 단계입니다! 히라가나로
더 많은 소리를 표현하는 방법을 배우고, 꼭 알아야 할 일
본어의 발음 규칙도 배워봅시다.

더 많은 소리를 표현하는 방법

왜 작아졌지? ❶요음

강의 및 예문 듣기

요음은 や행이 작아진 글자(ゃ/ゅ/ょ)입니다. い단 옆에 축소한 や행을 붙여서 반모음을 표기할 수 있습니다.
요음으로 더 많은 소리를 표현하는 법을 배워봅시다!

🎧 3-1-1

1단계

글자 구경하기

QR코드를 찍고,
음성파일을 들으면서
글자를 구경해봅시다.

🔍 요음표

きゃ[캬]	きゅ[큐]	きょ[쿄]
ぎゃ[갸]	ぎゅ[규]	ぎょ[교]
しゃ[샤]	しゅ[슈]	しょ[쇼]
じゃ[쟈]	じゅ[쥬]	じょ[죠]
ひゃ[햐]	ひゅ[휴]	ひょ[효]
びゃ[뱌]	びゅ[뷰]	びょ[뵤]
ぴゃ[퍄]	ぴゅ[퓨]	ぴょ[표]
ちゃ[챠]	ちゅ[츄]	ちょ[쵸]
にゃ[냐]	にゅ[뉴]	にょ[뇨]
みゃ[먀]	みゅ[뮤]	みょ[묘]
りゃ[랴]	りゅ[류]	りょ[료]

잠깐만요!

요음을 키보드로 입력할 때
는 단어의 첫 소리 자음에
YA/YU/YO를 입력하면 됩니
다.

📝 きょ → KYO
　　にゃ → NYA

2단계
원리 확인하기

어떤 원리인지 알아봅시다.

일본 사람들이 [캬]라는 소리를 쓰는 법을 알아봅시다.

캬 = き ゃ
[키] [야]

히라가나표에는 [캬]라고 소리 나는 글자가 없죠? 그래서 일본 사람들은 き와 요음 ゃ를 조합한 きゃ로 [캬]라는 소리를 표현합니다! 즉, い를 제외한 い단 글자(き・し・ち・に・ひ・み・り)와 요음(ゃ・ゅ・ょ)을 조합해서 한 박자로 발음하는 것입니다. 이렇게 요음을 활용하면 더 많은 소리를 표현할 수 있습니다.

잠깐만요!

여기서 い를 제외하는 이유는 い+ゃ=や, い+ゅ=ゆ, い+ょ=よ가 되기 때문이에요. 히라가나표에 이미 있는 소리를 굳이 조합할 필요는 없겠죠?

3단계
문제로 확인하기

원리를 충분히 이해했는지 문제로 확인해 봅시다.

아래의 소리들을 히라가나로 써보세요.

Q1. 샤

Q2. 뮤

Q3. 료

Q4. 뱌

Q5. 챠

Q6. 교

02 더 많은 소리를 표현하는 방법

왜 작아졌지? ❷촉음

강의 및 예문 듣기

촉음 っ는 た행의 つ가 작아진 글자입니다. 우리말의 받침 ㄱ, ㄷ, ㅅ, ㅂ의 역할을 합니다.
촉음 っ 뒤에 오는 소리와 비슷한 소리로 발음하게 됩니다.

🎧 3-2-1

1단계

글자 구경하기

QR코드를 찍고,
음성파일을 들으면서
글자를 구경해봅시다.

📍 **촉음 : 글자는 하나인데 소리는 4가지?**

1. ほっかいどう 홋카이도 -------▶ [ㄱ]

2. ざっし 잡지 -------▶ [ㅅ]

3. ちょっと 조금, 잠깐 -------▶ [ㄷ]

4. しっぽ 꼬리 -------▶ [ㅂ]

🎧 3-2-2

2단계

원리 확인하기

어떤 원리인지 알아봅
시다.

❶ **っ + か행**

か행이 뒤에 올 때는 비슷한 소리인 'ㄱ'으로 발음합니다.
⑩ ほっかいどう[혹까이도] 홋카이도

❷ **っ + さ행**

さ행이 뒤에 올 때는 비슷한 소리인 'ㅅ'으로 발음합니다.
⑩ ざっし[잣씨] 잡지

❸ っ + た행

た행이 뒤에 올 때는 비슷한 소리인 'ㄷ'으로 발음합니다.
예 **ちょっと**[춋또] 조금, 잠깐

❹ っ + ぱ행

ぱ행이 뒤에 올 때는 비슷한 소리인 'ㅂ'으로 발음합니다.
예 **しっぽ**[십뽀] 꼬리

발음 꿀Tip

촉음이 받침이 되며 생긴 빈
자리는 한 박자 쉬었다가 읽
습니다.
예 학교 がっこう
　　[각∨꼬~]

🎧 3-2-3
3단계
문제로 확인하기

원리를 충분히 이해했
는지 문제로 확인해 봅
시다.

한글로 표기한 일본어 단어를 히라가나로 써보세요.

Q1. 닉끼(뜻 : 일기)

✎ ------------------------

Q2. 북까(뜻 : 물가)

✎ ------------------------

Q3. 켓쎄키(뜻 : 결석)

✎ ------------------------

Q4. 켓씨떼(뜻 : 결코)

✎ ------------------------

Q5. 킫또(뜻 : 꼭)

✎ ------------------------

Q6. 묻또(뜻 : 더욱)

✎ ------------------------

Q7. 홉뻬(뜻 : 볼)

✎ ------------------------

Q8. 킵뿌(뜻 : 표)

✎ ------------------------

더 많은 소리를 표현하는 방법

꼭 기억할 발음 규칙 ❶장음

강의 및 예문 듣기

장음은 **あ**행이 뒤에 붙어서 "길게" 발음하는 것입니다.
장음(긴 소리)이기에 길게, 2박자로 읽어 주는 것이 중요합니다!

🎧 3-3-1

1단계
글자 구경하기

QR코드를 찍고,
음성파일을 들으면서
글자를 구경해봅시다.

📍 **장음 : 생긴 대로 안 읽어주는 글자가 있다?**

1. **おばあさん** 할머니

2. **せんせい** 선생님

3. **えいご** 영어

4. **りょこう** 여행

🎧 3-3-2

2단계
원리 확인하기

어떤 원리인지 알아봅
시다.

1. 장음이 같은 단 뒤에 붙는 경우

❶ **あ단 + あ**

㉖ **おかあさん**[오까~상] 어머니

❷ **い단 + い**

㉖ **おにいさん**[오니~상] 형, 오빠

❸ う단 + う

　예 すうじ[스~지] 숫자

---

❹ え단 + え

　예 おねえさん[오네~상] 언니, 누나

---

❺ お단 + お

　예 おおさか[오~사까] 오사카

2. 장음이 다른 단 뒤에 붙는 경우

❶ え단 + い

　예 へいじつ[헤~지쯔] 평일, ていねい[테~네~] 정중,
　しつれい[시쯔레~] 실례

---

❷ お단 + う

　예 ごうかく[고~까꾸] 합격, のうりょく[노~료쿠] 능력,
　そつぎょう[소쯔교~] 졸업

잠깐만요!

よ는 お단입니다.

🎧 3-3-3

3단계

문제로 확인하기

원리를 충분히 이해했
는지 문제로 확인해 봅
시다.

다음 단어를 듣고, 더 비슷한 발음을 골라 주세요.

Q1. ほしい(뜻 : 원하다)

　① 호시이　② 호시~

Q2. えいが(뜻 : 영화)

　① 에~가　② 에이가

Q3. ふうふ(뜻 : 부부)

　① 후~후　② 후우후

Q4. とうふ(뜻 : 두부)

　① 토우후　② 토~후

정답

Q1. ②　　Q2. ①
Q3. ①　　Q4. ②

04

더 많은 소리를 표현하는 방법

꼭 기억할 발음 규칙 ❷ ん

강의 및 예문 듣기

ん은 우리말의 받침과 같은 역할을 합니다. 그런데 ん은 글자는 하나인데 소리가 'ㅇ', 'ㄴ', 'ㅁ'의 세 가지입니다. 이는 뒤에 오는 글자의 발음 위치에 따라 자연스럽게 달라지는 것이므로, 외우기보다는 ん의 발음이 한 가지가 아니라는 사실만 알고 있으면 됩니다.

🎧 3-4-1

1단계
글자 구경하기

QR코드를 찍고, 음성파일을 들으면서 글자를 구경해봅시다.

🔍 **ん : 글자는 하나인데 발음은 3가지?**

1. **べんきょう** 공부 ------→ [ㅇ]

---

2. **うんめい** 운명 ------→ [ㅁ]

---

3. **おんな** 여자 ------→ [ㄴ]

🎧 3-4-2

2단계
원리 확인하기

어떤 원리인지 알아봅시다.

❶ **ん + か행·が행 혹은 끝소리가 ん인 경우:**
ん을 받침 'ㅇ'으로 발음합니다.

か행과 が행은 목구멍을 지나는 소리입니다.
따라서 ん 역시 목구멍을 지나는 소리인 'ㅇ'으로 발음합니다.
예 ぎんこう[깅꼬~] 은행, にんぎょう[닝교~] 인형

❷ ん + ば행·ぱ행·ま행 :
ん을 받침 'ㅁ'으로 발음합니다.

ば행·ぱ행·ま행은 입술이 닿는 소리입니다.
따라서 ん 역시 입술을 닫는 소리인 'ㅁ'으로 발음합니다.

㉠ しんぶん[심분] 신문, せんぱい[셈빠이] 선배,
　　うんめい[움메~] 운명

---

❸ ん + さ(ざ)·た(だ)·な·ら행 :
ん을 받침 'ㄴ'으로 발음합니다.

さ(ざ)행·た(だ)행·な행·ら행은 혀 끝이 앞니와 잇몸
사이를 스치는 소리입니다. 따라서 ん 역시 스치는 소리인
'ㄴ'으로 발음합니다.

㉠ べんとう[벤또~] 도시락, あんない[안나이] 안내,
　　れんらく[렌라꾸] 연락

🎧 3-4-3

3단계
문제로 확인하기

원리를 충분히 이해했
는지 문제로 확인해 봅
시다.

다음 단어를 듣고, 밑줄 친 ん의 정확한 발음을 골라보세요.

Q1. ぜ<u>ん</u>ぶ(뜻 : 전부)

① [ㅇ] 　② [ㅁ] 　③ [ㄴ]

Q2. か<u>ん</u>こく(뜻 : 한국)

① [ㅇ] 　② [ㅁ] 　③ [ㄴ]

Q3. ま<u>ん</u>が(뜻 : 만화)

① [ㅇ] 　② [ㅁ] 　③ [ㄴ]

Q4. さ<u>ん</u>ぽ(뜻 : 산책)

① [ㅇ] 　② [ㅁ] 　③ [ㄴ]

Q5. ほ<u>ん</u>ね(뜻 : 본심)

① [ㅇ] 　② [ㅁ] 　③ [ㄴ]

Q6. り<u>ん</u>ご(뜻 : 사과)

① [ㅇ] 　② [ㅁ] 　③ [ㄴ]

정답

Q1. ② 　Q2. ①
Q3. ① 　Q4. ②
Q5. ③ 　Q6. ①

↪ 이제 히라가나 학습이 모두 끝났습니다!
　실력을 점검해보고 싶다면, 받아쓰는 단어장 1회(2p)로 가세요!

가타카나 익히기

둘째마당에서는 일본어의 외래어 표기를 담당하고 있는 가타카나를 배웁니다. 학습 과정은 총 3단계입니다. 처음에는 가타카나를 눈으로 익히면서 암기에 대한 부담없이 친해지세요. 그 다음에는 손으로 가타카나를 익혀보세요. 직접 써봐야 눈에 들어오는 요소들이 있습니다. 그리고 마지막으로는 지금까지 외운 가타카나를 응용해서 다양한 소리를 표기하는 방법을 배워보세요.

	ア단	イ단	ウ단	エ단	オ단
ア행	ア	イ	ウ	エ	オ
カ행	カ	キ	ク	ケ	コ
サ행	サ	シ	ス	セ	ソ
タ행	タ	チ	ツ	テ	ト
ナ행	ナ	ニ	ヌ	ネ	ノ
ハ행	ハ	ヒ	フ	ヘ	ホ
マ행	マ	ミ	ム	メ	モ
ヤ행	ヤ		ユ		ヨ
ラ행	ラ	リ	ル	レ	ロ
ワ행	ワ				ヲ
	ン				

◀ 행: 자음이
같은 친구들

▲ 단 : 모음이
같은 친구들

가타카나,
눈으로 익히기

가타카나를 시작하신 여러분, 환영합니다! 넷째마디는 가타카나를 눈으로 익히는 단계입니다. 모양과 소리에 집중할 수 있도록 한글 발음 표기는 최소화했습니다. 음성 파일을 통해, 한글로 표기할 수 없는 일본어의 미묘한 발음을 다시 한 번 들어보세요. 영상 강의에서는 함께 글자를 읽어봅시다.

함께 읽어봐요!

가타카나, 눈으로 익히기

강의 및 예문 듣기

가타카나와 히라가나는 모양만 다르지 발음은 완전히 동일합니다! 따라서 이번 마당은 모양에만 집중해도 됩니다.
히라가나와는 모양이 어떻게 다른지 비교하며 외우는 것도 좋겠죠?

함께 읽어볼까요? 📖✏️

1. 카메라 어플로 QR코드를 스캔하면 영상을 볼 수 있습니다.
2. 먼저 가타카나를 읽어드립니다. 소리를 기억해보세요.
3. 글자가 나오면 박자에 맞춰 따라 읽어보세요.
4. 입이 가타카나를 읽는 것에 익숙해질 때까지 반복해보세요.

🎧 4-1

❶ 청음

ア[아]행

| ア | イ | ウ | エ | オ |

カ[카]행

| カ | キ | ク | ケ | コ |

Tip　가타카나 カ는 히라가나 か[카]와 모양이 비슷한데,
カ는 오른쪽 위에 점이 없고 각이 져있다는 점에 주의하세요!

サ [사]행

サ　シ　ス　セ　ソ

Tip シ[시]는 ツ[츠]와 모양이 비슷하고, ソ[소]는 ン[음]과 모양이 비슷하니 주의하세요!

タ [타]행

タ　チ　ツ　テ　ト

Tip ツ[츠]는 シ[시]와 모양이 비슷하니 주의하세요!

ナ [나]행

ナ　ニ　ヌ　ネ　ノ

ハ [하]행

ハ　ヒ　フ　ヘ　ホ

Tip 가타카나 ヘ는 히라가나 ヘ[헤]와 모양이 같습니다.

マ [마]행

マ　ミ　ム　メ　モ

ヤ　　　ユ　　　ヨ

ラ　リ　ル　レ　ロ

　　　　　　　　　　ん [음]

ワ　ヲ　　　　ン

Tip ン[음]은 ソ[소]와 모양이 비슷하니
주의하세요!

❷ 탁음

ガ　ギ　グ　ゲ　ゴ

ザ　ジ　ズ　ゼ　ゾ

ダ[다]행

ダ　ヂ　ヅ　デ　ド

バ[바]행

バ　ビ　ブ　ベ　ボ

❸ 반탁음

パ[파]행

パ　ピ　プ　ペ　ポ

질문 있어요~

Q 탁음, 반탁음은 키보드로 입력하려면 무엇을 눌러야 하나요?

A が · ガ[가]행은 G, ざ · ザ[자]행은 Z, だ · ダ[다]행은 D, ば · バ[바]행은 B, ぱ · パ[파]행은 P를
누르면 된답니다!

가타카나,
손으로 익히기

이번 단계는 가타카나와 더욱 친해지는 단계입니다. 직접
써보면 글자의 생김새를 확실히 알 수 있고, 기억에도 오
래 남는답니다. 자 그럼 시작해 볼까요?

01

**ア행,
손으로
익히기**

🔍 **ア행이 포함된 일상 단어**

| **ア** [아:あ] | **ア**ルバイト 아르바이트 |

| **イ** [이:い] | **イ**タリア 이탈리아 |

| **ウ** [우:う] | **ウ**クレレ 우쿨렐레 |

| **エ** [에:え] | **エ**ア 공기 |

🎧 5-1

발음 듣기

| **オ** [오:お] | **オ**イル 오일 |

초보자가 하기 쉬운 실수 & 팁

ア

[아 : あ]

ア

(X)

첫째 획은 기울지 않고
평평하게 시작해 주세요.

3단계 ▸ 글자에 익숙해질 때까지 써봅시다!

크~게 써봐요	작게 여러 번 써봐요				복습용

1단계 손가락으로 먼저 써봅시다!

2단계 실수하기 쉬운 부분을 체크합시다!

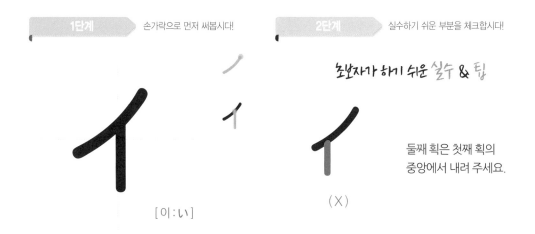

초보자가 하기 쉬운 실수 & 팁

[이:い]

(X)

둘째 획은 첫째 획의
중앙에서 내려 주세요.

3단계 글자에 익숙해질 때까지 써봅시다!

크~게 써봐요	작게 여러 번 써봐요				복습용

초보자가 하기 쉬운 실수 & 팁

[우:う]

(X)

첫째 획은 수직으로
내려오게 그려 주세요.

3단계 글자에 익숙해질 때까지 써봅시다!

크~게 써봐요	작게 여러 번 써봐요				복습용

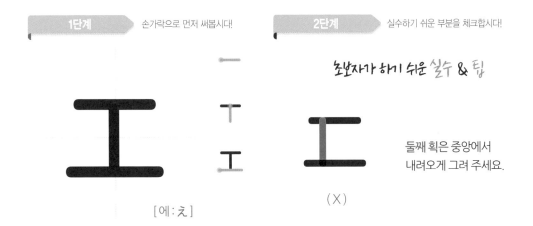

초보자가 하기 쉬운 실수 & 팁

둘째 획은 중앙에서
내려오게 그려 주세요.

(X)

[에 : え]

크게 써봐요	작게 여러 번 써봐요			복습용

初心者가 하기 쉬운 실수 & 팁

一
丁
才

才
(X)

[오:お]

둘째 획은 중앙에서
살짝 오른쪽에서
내려오게 그려 주세요.

크~게 써봐요	작게 여러 번 써봐요				복습용

마지막으로 키보드로 ア행을 입력하는 방법을 알아봅시다. 스마트폰이나 컴퓨터로 사전을 검색하거나,
메일을 보낼 때 꼭 필요하답니다. 네모칸을 채워 ア행을 완성해 주세요!

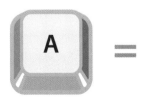 =

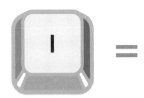 =

 =

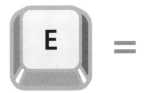 =

 =

02

カ행,
손으로
익히기

🔍 **カ행이 포함된 일상 단어**

| カ [카:か] | **カード** 카드 | |

| キ [키:き] | **キ**リン 기린 |  |

| ク [쿠:く] | **ク**リスマス
크리스마스 |  |

| ケ [케:け] | **ケ**ーキ 케익 | |

| コ [코:こ] | **コ**ーラ 콜라 |  |

🎧 5-2

발음 듣기

1단계 손가락으로 먼저 써봅시다!

ㄱ

力

力

[카:か]

2단계 실수하기 쉬운 부분을 체크합시다!

초보자가 하기 쉬운 실수 & 팁

力

(X)

첫째 획이 꺾이는 부분은
둥글지 않고 각지게
그려 주세요.

3단계 글자에 익숙해질 때까지 써봅시다!

크게 써봐요	작게 여러 번 써봐요				복습용

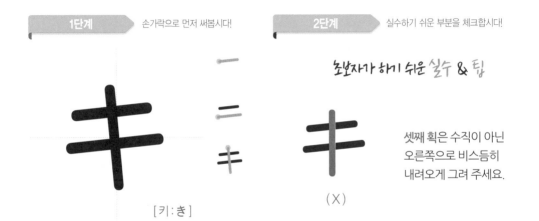

초보자가 하기 쉬운 실수 & 팁

[키 : き]

(X)

셋째 획은 수직이 아닌
오른쪽으로 비스듬히
내려오게 그려 주세요.

크게 써봐요	작게 여러 번 써봐요				복습용

1단계 손가락으로 먼저 써봅시다!

2단계 실수하기 쉬운 부분을 체크합시다!

ク

[쿠 : く]

초보자가 하기 쉬운 실수 & 팁

(X)

둘째 획은 첫째 획의
시작점보다 아래에서
시작하고, 수평으로
그려 주세요.

3단계 글자에 익숙해질 때까지 써봅시다!

크~게 써봐요	작게 여러 번 써봐요			복습용

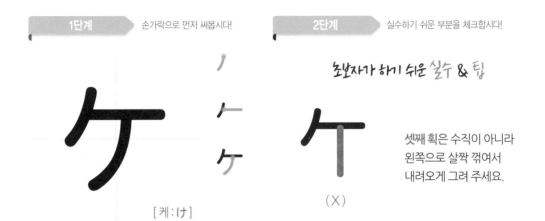

초보자가 하기 쉬운 실수 & 팁

[케:け]

(X)

셋째 획은 수직이 아니라
왼쪽으로 살짝 꺾어서
내려오게 그려 주세요.

3단계 ▷ 글자에 익숙해질 때까지 써봅시다!

크게 써봐요	작게 여러 번 써봐요				복습용

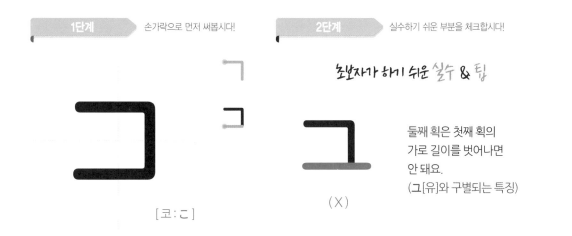

초보자가 하기 쉬운 실수 & 팁

[코:ㄷ]

(X)

둘째 획은 첫째 획의
가로 길이를 벗어나면
안 돼요.
(그[유]와 구별되는 특징)

크~게 써봐요	작게 여러 번 써봐요				복습용

마지막으로 키보드로 カ행을 입력하는 방법을 알아봅시다. 스마트폰이나 컴퓨터로 사전을 검색하거나,
메일을 보낼 때 꼭 필요하답니다. 네모칸을 채워 カ행을 완성해 주세요!

K + I =

K + U =

K + O =

🔍 サ행이 포함된 일상 단어

03

**サ행,
손으로
익히기**

| サ [사:さ] | **サ**イズ 사이즈 |

| シ [시:し] | **シ**ステム 시스템  |

| ス [스:す] | **ス**キー 스키 |

| セ [세:せ] | **セ**ット 세트 |

🎧 5-3

발음 듣기

| ソ [소:そ] | **ソ**ウル 서울  |

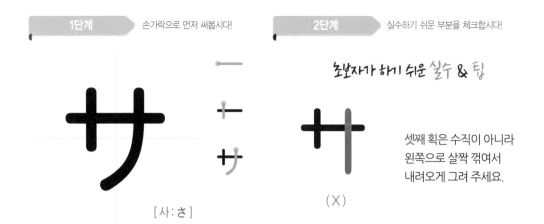

초보자가 하기 쉬운 실수 & 팁

[사 : さ]

(X)

셋째 획은 수직이 아니라
왼쪽으로 살짝 꺾여서
내려오게 그려 주세요.

크게 써봐요	작게 여러 번 써봐요			복습용

초보자가 하기 쉬운 실수 & 팁

[시 : し]

(O)

셋째 획은 꼭 아래에서
위로 올려 주세요.
(ツ[츠]와 구별되는 특징)

サ행

크게 써봐요	작게 여러 번 써봐요			복습용

125

초보자가 하기 쉬운 *실수 & 팁*

ㅈ
ス

ス

[스:す]

ス

(X)

둘째 획은 첫째 획의
경사면 중앙에서
시작해 주세요.

크~게 써봐요	작게 여러 번 써봐요				복습용

1단계 손가락으로 먼저 써봅시다!

ㄱ
せ

せ

[세:せ]

2단계 실수하기 쉬운 부분을 체크합시다!

초보자가 하기 쉬운 실수 & 팁

せ

(X)

둘째 획은 ㄴ 처럼 직각으로
그려 주세요.

3단계 글자에 익숙해질 때까지 써봅시다!

크게 써봐요	작게 여러 번 써봐요				복습용

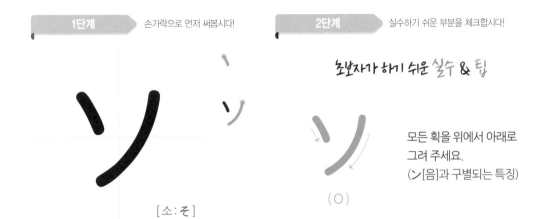

초보자가 하기 쉬운 실수 & 팁

[소:そ]

모든 획을 위에서 아래로
그려 주세요.
(ン[음]과 구별되는 특징)

(O)

크게 써봐요	작게 여러 번 써봐요			복습용

마지막으로 키보드로 サ행을 입력하는 방법을 알아봅시다. 스마트폰이나 컴퓨터로 사전을 검색하거나,
메일을 보낼 때 꼭 필요하답니다. 네모칸을 채워 サ행을 완성해 주세요!

S + A =

サ
행

S + I =

S + U =

S + E =

S + O =

129

タ행, 손으로 익히기

🔍 **タ행이 포함된 일상 단어**

タ [타:た]	**タバコ** 담배
チ [치:ち]	**チーズ** 치즈
ツ [츠:つ]	**ツアー** 여행(tour)
テ [테:て]	**テニス** 테니스
ト [토:と]	**トイレ** 화장실

🎧 5-4

발음 듣기

손가락으로 먼저 써봅시다!

ノ
ク
夕

夕

[타:た]

실수하기 쉬운 부분을 체크합시다!

초보자가 하기 쉬운 실수 & 팁

夕

둘째 획은 더 길게
내려와야 해요.

(X)

글자에 익숙해질 때까지 써봅시다!

크~게 써봐요	작게 여러 번 써봐요			복습용

초보자가 하기 쉬운 실수 & 팁

[치 : ち]

(X)

둘째 획은 기울지 않고
평평하게 그려 주세요.

크~게 써봐요	작게 여러 번 써봐요			복습용

1단계 손가락으로 먼저 써봅시다!

[츠:ㄱ]

2단계 실수하기 쉬운 부분을 체크합시다!

초보자가 하기 쉬운 실수 & 팁

(O)

모든 획을 위에서 아래로
그려 주세요.
(シ[시]와 구별되는 특징)

3단계 글자에 익숙해질 때까지 써봅시다!

크~게 써봐요	작게 여러 번 써봐요				복습용

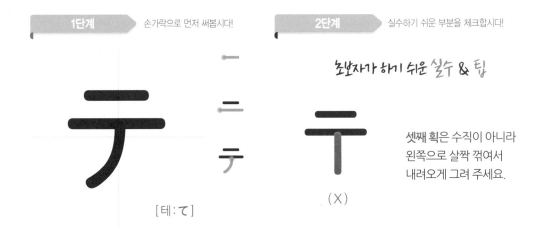

초보자가 하기 쉬운 실수 & 팁

셋째 획은 수직이 아니라
왼쪽으로 살짝 꺾어서
내려오게 그려 주세요.

[테:て]

(X)

크~게 써봐요	작게 여러 번 써봐요			복습용

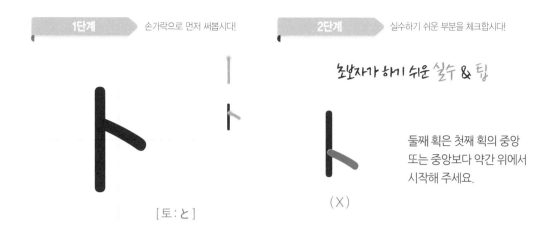

1단계 손가락으로 먼저 써봅시다!

2단계 실수하기 쉬운 부분을 체크합시다!

초보자가 하기 쉬운 실수 & 팁

[토 : と]

(X)

둘째 획은 첫째 획의 중앙 또는 중앙보다 약간 위에서 시작해 주세요.

3단계 글자에 익숙해질 때까지 써봅시다!

크~게 써봐요	작게 여러 번 써봐요			복습용

마지막으로 키보드로 夕행을 입력하는 방법을 알아봅시다. 스마트폰이나 컴퓨터로 사전을 검색하거나,
메일을 보낼 때 꼭 필요하답니다. 네모칸을 채워 夕행을 완성해 주세요!

* TI 대신 발음이 비슷한 CHI를 입력해도 됩니다.

* TU 대신 발음이 비슷한 TSU를 입력해도 됩니다.

**ナ행,
손으로
익히기**

05

ナ행이 포함된 일상 단어

| ナ [나:な] | ナイフ 칼 | |

| 二 [니:に] | ニュース 뉴스 | |

| ヌ [누:ぬ] | ヌードル 누들 | |

| ネ [네:ね] | ネクタイ 넥타이 | |

| ノ [노:の] | ノート 노트 | |

🎧 5-5

발음 듣기

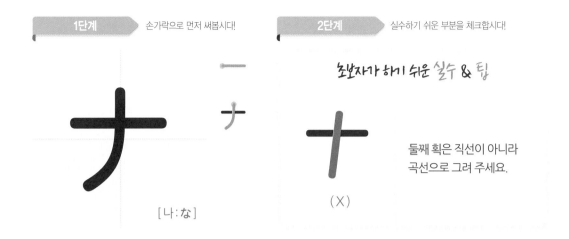

초보자가 하기 쉬운 실수 & 팁

[나:な]

(X)

둘째 획은 직선이 아니라
곡선으로 그려 주세요.

크~게 써봐요	작게 여러 번 써봐요		복습용

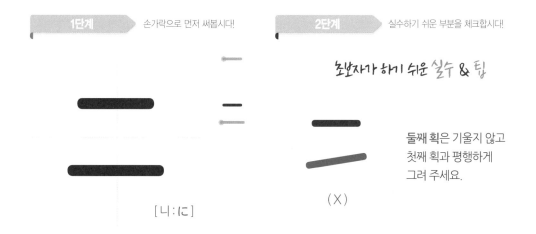

초보자가 하기 쉬운 실수 & 팁

[니:ㄴ]

(X)

둘째 획은 기울지 않고
첫째 획과 평행하게
그려 주세요.

크게 써봐요	작게 여러 번 써봐요			복습용

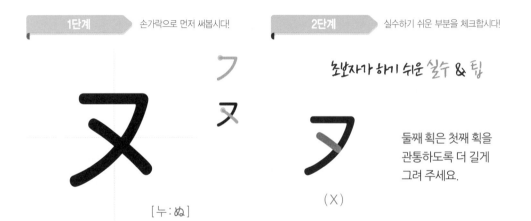

1단계 손가락으로 먼저 써봅시다!

[누 : ぬ]

2단계 실수하기 쉬운 부분을 체크합시다!

초보자가 하기 쉬운 실수 & 팁

(X)

둘째 획은 첫째 획을
관통하도록 더 길게
그려 주세요.

3단계 글자에 익숙해질 때까지 써봅시다!

크~게 써봐요	작게 여러 번 써봐요				복습용

1단계 손가락으로 먼저 써봅시다!

ネ

ウ
ネ
ネ

[네:ね]

2단계 실수하기 쉬운 부분을 체크합시다!

초보자가 하기 쉬운 실수 & 팁

ネ

(X)

넷째 획은 너무 짧지 않게
그려 주세요.

3단계 글자에 익숙해질 때까지 써봅시다!

크~게 써봐요	작게 여러 번 써봐요			복습용

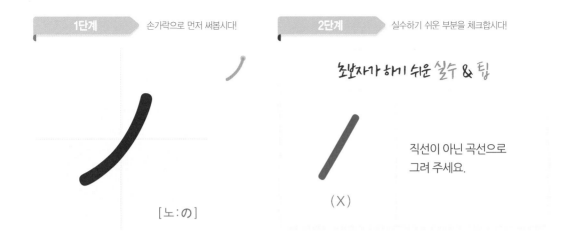

초보자가 하기 쉬운 실수 & 팁

[노:の]

직선이 아닌 곡선으로
그려 주세요.

(X)

크~게 써봐요	작게 여러 번 써봐요				복습용

마지막으로 키보드로 ナ행을 입력하는 방법을 알아봅시다. 스마트폰이나 컴퓨터로 사전을 검색하거나, 메일을 보낼 때 꼭 필요하답니다. 네모칸을 채워 ナ행을 완성해 주세요!

06

ハ행,
손으로
익히기

📍 ハ행이 포함된 일상 단어

ハ [하:は] | ハンバーガー 햄버거

ヒ [히:ひ] | ヒント 힌트

フ [후:ふ] | フランス 프랑스

ヘ [헤:へ] | ヘア 헤어

ホ [호:ほ] | ホテル 호텔

🎧 5-6

발음 듣기

ハ

[하 : は]

초보자가 하기 쉬운 실수 & 팁

(X)

첫째 획과 둘째 획은 너무
붙여서 그리면 안 돼요.

크~게 써봐요	작게 여러 번 써봐요			복습용

ハ행

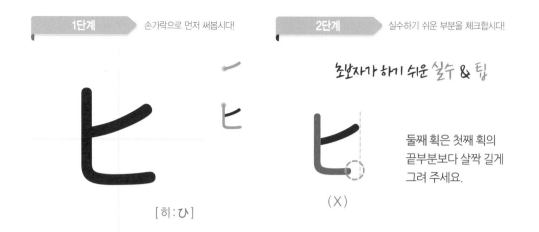

초보자가 하기 쉬운 실수 & 팁

[히 : ひ]

(X)

둘째 획은 첫째 획의
끝부분보다 살짝 길게
그려 주세요.

3단계 글자에 익숙해질 때까지 써봅시다!

크게 써봐요	작게 여러 번 써봐요				복습용

ㄱ

[후 : ふ]

초보자가 하기 쉬운 실수 & 팁

ㄱ

(X)

윗부분은 기울지 않고
평평하게 그려주세요.

크~게 써봐요	작게 여러 번 써봐요			복습용

ハ 행

초보자가 하기 쉬운 실수 & 팁

[헤 : へ]

(X)

산꼭대기가 왼쪽이 되도록
그려 주세요.

크게 써봐요	작게 여러 번 써봐요			복습용

一
十
才
木

木

[호 : ほ]

초보자가 하기 쉬운 실수 & 팁

木
(X)

셋째, 넷째 획은 세로선에
닿지 않게 그려 주세요.

크~게 써봐요	작게 여러 번 써봐요				복습용

八
행

149

마지막으로 키보드로 ハ행을 입력하는 방법을 알아봅시다. 스마트폰이나 컴퓨터로 사전을 검색하거나, 메일을 보낼 때 꼭 필요하답니다. 네모칸을 채워 ハ행을 완성해 주세요!

H + I =

H + U =

H + E =

H + O =

マ행, 손으로 익히기

🔍 **マ행이 포함된 일상 단어**

マ [마:ま]	マイナス 마이너스	
ミ [미:み]	ミルク 밀크	
ム [무:む]	ムード 무드	
メ [메:め]	メール 메일	
モ [모:も]	モデル 모델	

5-7

발음 듣기

초보자가 하기 쉬운 실수 & 팁

[마:ま]

(X)

첫째 획은 기울지 않고
평평하게 시작해 주세요.

크게 써봐요	작게 여러 번 써봐요				복습용

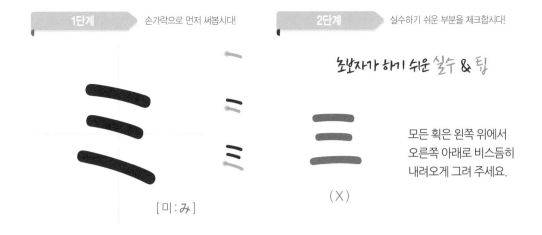

[미:み]

초보자가 하기 쉬운 실수 & 팁

(X)

모든 획은 왼쪽 위에서
오른쪽 아래로 비스듬히
내려오게 그려 주세요.

크~게 써봐요	작게 여러 번 써봐요			복습용

행

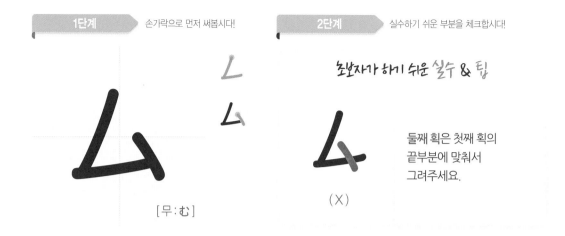

초보자가 하기 쉬운 실수 & 팁

[무:む]

둘째 획은 첫째 획의
끝부분에 맞춰서
그려주세요.

(X)

크~게 써봐요	작게 여러 번 써봐요			복습용

초보자가 하기 쉬운 실수 & 팁

[메:め]

(X)

둘째 획은 왼쪽 위에서 오른쪽 아래로 비스듬히 내려오게 그려 주세요.

크게 써봐요	작게 여러 번 써봐요			복습용

マ
행

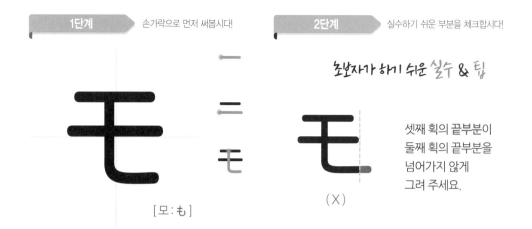

초보자가 하기 쉬운 실수 & 팁

[모:も]

(X)

셋째 획의 끝부분이
둘째 획의 끝부분을
넘어가지 않게
그려 주세요.

크~게 써봐요	작게 여러 번 써봐요			복습용

마지막으로 키보드로 マ행을 입력하는 방법을 알아봅시다. 스마트폰이나 컴퓨터로 사전을 검색하거나,
메일을 보낼 때 꼭 필요하답니다. 네모칸을 채워 マ행을 완성해 주세요!

M + O =

マ행

08

ヤ행,
손으로
익히기

 ヤ행이 포함된 일상 단어

ヤ [야:や]	タイヤ 타이어
ユ [유:ゆ]	ユニホーム 유니폼 
ヨ [요:よ]	ヨーグルト 요구르트 

 5-8

발음 듣기

ㅑ

[야 : や]

초보자가 하기 쉬운 실수 & 팁

(X)

둘째 획은 수직이 아니라
오른쪽으로 비스듬하게
내려오게 그려 주세요.

크게 써봐요	작게 여러 번 써봐요			복습용

ヤ
행

초보자가 하기 쉬운 실수 & 팁

[유 : ゆ]

(X)

둘째 획은 첫째 획에
붙여서 그려 주세요.

크~게 써봐요	작게 여러 번 써봐요				복습용

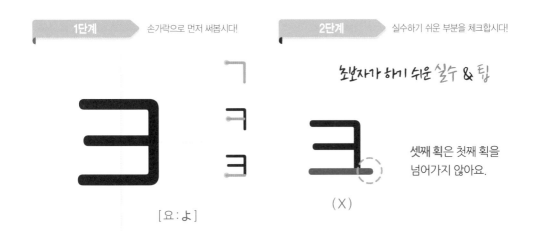

초보자가 하기 쉬운 실수 & 팁

[요:요]

(X)

셋째 획은 첫째 획을
넘어가지 않아요.

3단계 글자에 익숙해질 때까지 써봅시다!

크게 써봐요	작게 여러 번 써봐요			복습용

ㅑ행

마지막으로 키보드로 Ⴗ행을 입력하는 방법을 알아봅시다. 스마트폰이나 컴퓨터로 사전을 검색하거나,
메일을 보낼 때 꼭 필요하답니다. 네모칸을 채워 Ⴗ행을 완성해 주세요!

09

ラ행이 포함된 일상 단어

ラ**행,
손으로
익히기**

ラ [라:ら]

ラジオ 라디오

リ [리:り]

リボン 리본

ル [루:る]

ルール 규칙(rule)

レ [레:れ]

レストラン

레스토랑

🎧 5-9

발음 듣기

ロ [로:ろ]

ログイン 로그인

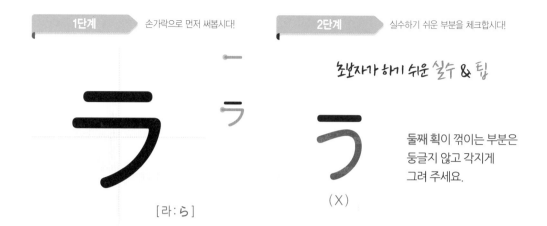

초보자가 하기 쉬운 실수 & 팁

ラ

[라: ら]

ラ
(X)

둘째 획이 꺾이는 부분은
둥글지 않고 각지게
그려 주세요.

크~게 써봐요	작게 여러 번 써봐요				복습용

リ

[리 : リ]

초보자가 하기 쉬운 실수 & 팁

첫째 획은 삐침을
넣으면 안 돼요.
(히라가나 り와 구별되는
특징)

リ

(X)

크게 써봐요	작게 여러 번 써봐요				복습용

ラ행

165

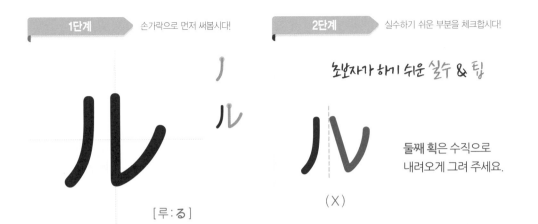

초보자가 하기 쉬운 실수 & 팁

[루:る]

(X)

둘째 획은 수직으로
내려오게 그려 주세요.

크~게 써봐요	작게 여러 번 써봐요				복습용

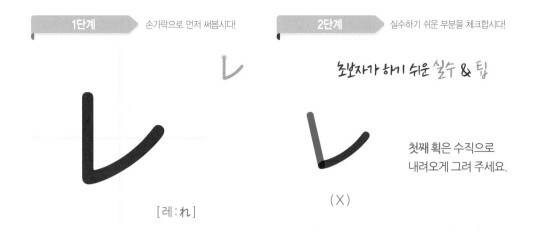

[레ː れ]

초보자가 하기 쉬운 **실수** & **팁**

(X)

첫째 획은 수직으로
내려오게 그려 주세요.

크게 써봐요	작게 여러 번 써봐요			복습용

ㄹ행

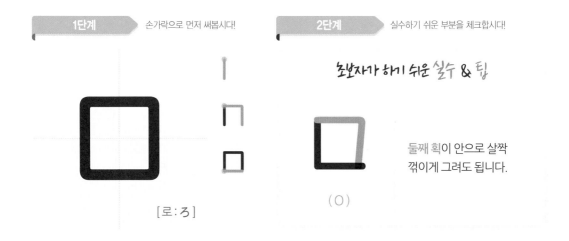

[로:ろ]

초보자가 하기 쉬운 실수 & 팁

(O)

둘째 획이 안으로 살짝
꺾이게 그려도 됩니다.

크게 써봐요	작게 여러 번 써봐요				복습용

마지막으로 키보드로 ラ행을 입력하는 방법을 알아봅시다. 스마트폰이나 컴퓨터로 사전을 검색하거나,
메일을 보낼 때 꼭 필요하답니다. 네모칸을 채워 ラ행을 완성해 주세요!

ラ
행

169

10

ワ행과 ン, 손으로 익히기

🔍 ワ행이 포함된 일상 단어

ワ [와:わ]	ワイン 와인

ヲ [오:を]	ヲ는 거의 사용되지 않습니다.

🔍 ン이 포함된 일상 단어

ン [음:ん]	エアコン 에어컨

🎧 5-10

발음 듣기

초보자가 하기 쉬운 실수 & 팁

[와:わ]

(X)

첫째 획은 수직으로
내려오게 그려 주세요.

크~게 써봐요	작게 여러 번 써봐요				복습용

ワ
행
·
ン

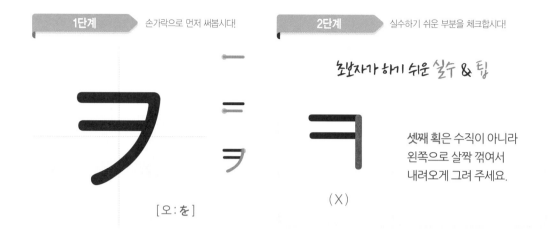

초보자가 하기 쉬운 실수 & 팁

[오:을]

(X)

셋째 획은 수직이 아니라
왼쪽으로 살짝 꺾여서
내려오게 그려 주세요.

크~게 써봐요	작게 여러 번 써봐요				복습용

초보자가 하기 쉬운 실수 & 팁

ン

[음:ん]

(X)

둘째 획은 꼭 아래에서
위로 올려 주세요.
(ソ[소]와 구별되는 특징)

3단계	글자에 익숙해질 때까지 써봅시다!

크~게 써봐요	작게 여러 번 써봐요			복습용

마지막으로 키보드로 ヮ행과 ン을 입력하는 방법을 알아봅시다. 스마트폰이나 컴퓨터로 사전을 검색하거나, 메일을 보낼 때 꼭 필요하답니다. 네모칸을 채워 ヮ행과 ン을 완성해 주세요!

가타카나도 히라가나 못지 않게 비슷하게 생긴 글자들이 많습니다. 그래서 헷갈리는 가타카나 글자들을 모았습니다.
마지막으로 확실히 정리해볼까요?

❶ シ[시] vs ン[음]

구별법 シ[시]와 ン[음]은 모든 획을 왼쪽에서 오른쪽으로 긋는다는 공통점이 있어요.
따라서 마지막 획은 왼쪽 아래에서 오른쪽 위로 올라갑니다. 이 부분이 헷갈리면
마트에서 '시음'을 할 때는 기분이 올라간다고 연상하면 외우기 쉬워요.

❷ ツ[츠] vs ソ[소]

구별법 ツ[츠]와 ソ[소]는 모든 획을 위에서 아래로 긋는다는 공통점이 있어요.
따라서 마지막 획은 오른쪽 위에서 왼쪽 아래로 내려갑니다. 이 부분이 헷갈리면
약속이 '츠소(취소)'되면 기분이 처진다고 연상하면 쉬워요.

❸ ク[쿠] vs タ[타] vs ケ[케]

구별법　ク[쿠]는 소파에 있는 '**쿠**'션인데요. タ[타]는 **쿠션에 때가 '타**'서 더러워진 거예요.
ケ[케]는 ク[쿠]랑 비슷하게 생겼는데 옆이 살짝 길어요. **ケ[케]를 발음할 때
입이 ク[쿠]보다 옆으로 늘어나잖아요?** 그것을 나타내기 위해 옆을 살짝 길게
그려주었다고 연상하면 쉬워요.

❹ コ[코] vs ユ[유] vs ヨ[요]

구별법　コ[코]는 피노키오의 '**코**'를 닮았고, ユ[유]는 아기 **우'유'병**의 뚜껑을 닮았어요.
ヨ[요]는 '**요요**'처럼 생겼어요!

❺ ウ[우] vs ワ[와]

구별법 ウ[우]는 꼭지가 있는 '**우**'**산**, ワ[와]는 '**와**'**인잔**을 닮았어요.

❻ ラ[라] vs フ[후]

구별법 フ[후]는 뜨거운 음식에 '**후**'~**하고** 바람을 부는 입모양이에요.
ラ[라]는 그릇에 가득 담긴 '**라**'**면**을 연상하세요.

히라가나와 헷갈리는 가타카나

가타카나 중에는 음이 같은 히라가나와 닮은 경우가 꽤 있습니다. 해당 가타카나를 처음 외울 때는 이미 외워둔 히라가나와 비슷해서 쉽게 외울 수 있다는 장점이 있지만, 나중에는 어떤 것이 히라가나고 가타카나였는지 헷갈리기도 합니다. 그래서 이 페이지에서는 비슷하게 생긴 히라가나와 가타카나를 정리했습니다. 기본적으로 히라가나는 둥글둥글, 가타카나는 살짝 각이 지고 빳빳하다는 차이가 있는데요, 이외에 또 어떤 차이가 있는지 체크해 주세요!

음	가타카나	히라가나	차이점
[카]	カ	か	가타카나는 오른쪽 위에 점이 없습니다.
[키]	キ	き	가타카나는 세로획 하단의 둥근 부분을 빼고 그립니다.
[코]	コ	こ	가타카나는 위아래를 확실하게 이어줍니다.
[세]	セ	せ	가타카나는 획이 1개 적고, 가로획에 삐침이 있습니다.
[헤]	へ	へ	완전히 같습니다.
[모]	モ	も	기디키니는 윗부분이 삐져나오지 않고, 아랫부분은 끝선이 올라오지 않습니다.
[야]	ヤ	や	가타카나는 획이 1개 적습니다.
[리]	リ	り	가타카나는 왼쪽 획에 삐침이 없습니다.

·

가타카나
완성하기

마지막으로 가타카나를 완성하는 단계입니다! 가타카나로
더 많은 소리를 표현하는 방법을 배우고, 실전에서는 어떻
게 쓰이는지 알아봅시다.

01

더 많은 소리를 표현하는 방법

자주 쓰이는 외래어 표기

강의 및 예문 듣기

우리말에 외래어 표기법이 있는 것처럼 일본어도 외래어 표기 규칙이 있습니다. 그중에서 자주 쓰이는 외래어 표기법을 소개합니다. (그런데 일본어의 외래어 표기에는 예외가 많은 편입니다. 외래어를 표기할 때에는 사전에서 한 번 더 확인해 주세요!)

🎧 6-1-1

1단계
글자 구경하기

QR코드를 찍고,
음성파일을 들으면서
글자를 구경해봅시다.

📍 자주 쓰이는 외래어 표기 규칙 3가지

1. **building** ➡ **ビルディング** 빌딩

2. **file** ➡ **ファイル** 파일

3. **etiquette** ➡ **エチケット** 에티켓

🎧 6-1-2

2단계
원리 확인하기

어떤 원리인지 알아봅시다.

❶ di, dy[di]의 표기

일반적으로는 ディ로 표기하지만, 단어에 따라 デ나 ジ로 표기하는 경우도 있습니다!

　　例 **building**(빌딩) ➡ **ビルディング**[비루딩구]

　　disk(디스크) ➡ **ディスク**[디스꾸]

　　melody(멜로디) ➡ **メロディー**[메로디~]

　　예외) **digital**(디지털) ➡ **デジタル**[데지타루]

② f, ph[f]와 p[p]의 표기

우리말은 알파벳 f와 ph와 같은 [f] 발음과 알파벳 p[p] 발음을 'ㅍ'으로 통일해서 표기하는 편이지만, 일본어는 구분해서 표기합니다. [f] 발음의 단어들은 주로 フ와 작은 ア행으로, [p] 발음은 パ행으로 표기한다는 점을 기억해 주세요!

〈[f] 발음〉	〈[p] 발음〉
file(파일) → ファイル[화이루]	pasta(파스타) → パスタ[파스따]
film(필름) → フィルム[휘루무]	piano(피아노) → ピアノ[피아노]
fry(프라이) → フライ[후라이]	pride(프라이드) → プライド[푸라이도]
fair(페어) → フェア[훼아]	paper(페이퍼) → ペーパー[페~빠~]
photo(포토) → フォト[훠또]	point(포인트) → ポイント[포인또]

③ ty, ti, tee, tea[ti, ti ː]의 표기

일반적으로는 チ로 표기하는 경우가 많습니다.
하지만 단어에 따라 ティ나 テ로 표기하는 경우도 많습니다.

   예) etiquette(에티켓) → エチケット[에치켄또]
       plastic(플라스틱) → プラスチック[푸라수칙쿠]
   예외) volunteer(볼런티어, 봉사) → ボランティア[보란티아]

🎧 6-1-3

3단계
문제로 확인하기

원리를 충분히 이해했는지 문제로 확인하고, 발음도 들어봅시다.

빈칸을 채워 다음 단어들을 완성해봅시다!

Q1. 오디오(audio)

オ	ー			オ

Q2. 캔디(candy)

キ	ャ	ン		

Q3. 포크(fork)

		ー	ク

Q4. 필리핀(Philippines)

		リ	ピ	ン

Q5. 프라이버시(privacy)

	ラ	イ	バ	シ	ー

Q6. 파이프(pipe)

	イ	プ

Q7. 로맨틱(romantic)

ロ	マ	ン		ッ	ク

Q8. 팀(team)

	ー	ム

정답
Q1. ディ   Q2. ディ
Q3. フォ   Q4. フィ
Q5. プ   Q6. パ
Q7. チ   Q8. チ

02

더 많은 소리를 표현하는 방법

가타카나의 장음 표기

강의 및 예문 듣기

가타카나 단어들 중에는 길다란 막대기(ー)가 들어있는 경우가 있어요. 여기서 막대기는 장음이라는 의미입니다.
막대기로 되어 있으니 히라가나처럼 장음규칙을 신경쓰지 않아도 되서 읽을 때 편하겠죠?
하지만 쓸 때는 어렵습니다. 가타카나가 외래어 담당이라, 어디를 장음으로 써야 할지 헷갈리거든요.
다행히 나름의 규칙이 있다고 하는데요. 이 장에서는 그 규칙에 대해서 살펴봅니다!
(하지만 예외가 있으니 꼭 사전을 확인해 주세요!)

🎧 6-2-1

1단계
글자 구경하기

QR코드를 찍고,
음성파일을 들으면서
글자를 구경해봅시다.

🔍 장음 : 가타카나의 장음 표기에는 규칙이 있다!

1. driver ➡ ドライバー 드라이버

2. energy ➡ エネルギー 에너지

3. goal ➡ ゴール 골

4. name ➡ ネーム 이름

🎧 6-2-2

2단계
원리 확인하기

어떤 원리인지 알아봅
시다.

❶ 'er', 'or', 'ar'이 포함될 경우

예) color(컬러) ➡ カラー[카라~], order(오더) ➡ オーダー[오~다~]

❷ 'y'로 끝날 경우

예) memory(메모리) ➡ メモリー[메모리~]
예외) candy(캔디) ➡ キャンディー[칸디~]

❸ 'al', 'all', 'ol'이 포함될 경우

> 예 ball(볼) ➔ ボール[보~루], control(컨트롤) ➔ コントロール[콘토로~루]

❹ 'ai', 'a+자음+e', 'a+자음+a', 'au' 등 발음 기호 상 이중모음이 포함될 경우

> 예 chain(체인) ➔ チェーン[체~엔], case(케이스) ➔ ケース[케~스], data(데이터) ➔ データ[데~타], sauce(소스) ➔ ソース[소~스]

🎧 6-2-3

3단계

문제로 확인하기

원리를 충분히 이해했 는지 문제로 확인하고, 발음도 들어봅시다.

가타카나로 표기할 경우, 장음이 되는 부분에 동그라미를 그려 주세요.

Q1. cover (커버)　　　　**Q2.** monitor (모니터)

Q3. card (카드)　　　　**Q4.** copy (카피)

Q5. happy (해피)　　　　**Q6.** appeal (어필)

Q7. gold (골드)　　　　**Q8.** straight (스트레이트)

Q9. date (데이트)　　　　**Q10.** auto (오토)

정답
Q1. er (カバー)
Q2. or (モニター)
Q3. ar (カード)
Q4. y (コピー)
Q5. y (ハッピー)
Q6. al (アピール)
Q7. ol (ゴールド)
Q8. ai (ストレート)
Q9. a+자음+e (デート)
Q10. au (オート)

☞ 이제 가타카나 학습이 모두 끝났습니다!
실력을 점검해보고 싶다면, 받아쓰는 단어장 6회(12p)로 가세요!

일본어 문법
무작정 따라하기

후지이 아사리 지음 | 668쪽 | 21,000원

9만 독자가 선택한 일본어 문법 분야 베스트셀러!

말하는 문법도 시험 대비도 이 책 한 권으로 OK!

문법도 소리로 듣고 입으로 따라 하면 저절로 머릿속에 정리됩니다.

난이도	첫걸음 **초급 중급** 고급	기간	60일
대상	기초를 끝내고 문법을 체계적으로 공부하려는 학습자, 시험을 보기 전에 문법을 정리해야 하는 학습자	목표	일상회화와 일본어 시험에 대비해 기초 문법과 2,000개 필수 단어 끝내기

네이티브는 쉬운 일본어로 말한다
200대화 편

친구끼리 매일 쓰는 일상 대화 200개,
네이티브는 짧고 쉽게 대화한다!

인기 일본어 유튜버 사요(Sayo)가 쓴 본격 반말 회화서!
일상 회화를 뉘앙스까지 일본어로 번역했다. 롤플레잉 mp3 파일 제공!

난이도	첫걸음	초급	중급	고급

목표 교과서 같이 딱딱한 일본어에서 탈출하여
네이티브처럼 자연스러운 일본어 회화 구사하기

대상 반말, 회화체를 배우고 싶은 학습자

히라가나 가타카나 무작정 따라하기

받아쓰는
단어장

토미 지음

1회: 히라가나 워밍업

test1

무사히 히라가나를 마치고 여기까지 오신 여러분! 고생 많으셨습니다.
1회는 글자 수가 점점 늘어나는 회차로 받아쓰기 준비 운동을 할 수 있습니다.
마음의 준비가 되었다면, 스마트폰 카메라를 켜고 오른쪽 위의 QR코드를 스캔하세요!

점수 　／15

Q1. 햇빛

Q2. 피

Q3. 모기

Q4. 아침

Q5. 의자

Q6. 창문

Q7. 책상

Q8. 과자

Q9. 어린이

Q10. 애인

Q11. 타코야끼

Q12. 인사

Q13. 부엌

Q14. 여름방학

Q15. 복권

test2

2회 : 헷갈리는 히라가나

히라가나는 비슷한 글자들이 정말 많았죠? 그래서 2회에서는 헷갈리는 글자로 구성된
단어들을 모아봤습니다. 집중해서 풀어보세요! 이번 회를 잘 마치면 다음 회는 훨씬
쉬워질 거예요!

점수 ◯ / 12

Q1. 파랑다

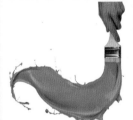

Q2. 토끼

Q3. 작다

Q4. 지식

Q5. 입구

Q6. 헤어지다

Q7. 깨지다

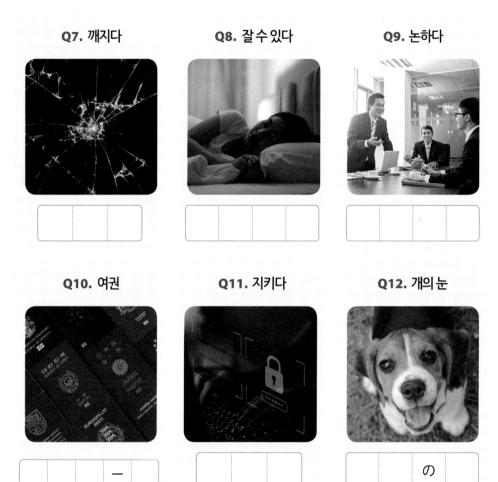

Q8. 잘 수 있다

Q9. 논하다

Q10. 여권

Q11. 지키다

Q12. 개의 눈

の

3회: 히라가나로 더 많은 소리 표현하기

히라가나는 응용하면 더 많은 소리를 표현할 수 있었죠?
3회에서는 기존 글자에 점을 붙이거나, 작게 만들어 다양한 소리를 표기하는
탁음, 반탁음, 요음, 촉음이 들어간 단어가 등장합니다.

점수 ◯ / 15

Q1. 시간

Q2. 바지

Q3. 코끼리

Q4. 포도

Q5. 연필

Q6. 튀김

Q7. 산책

Q8. 사진

Q9. 여행

Q10. 우유

Q11. 백(100)

Q12. 학교

Q13. 열차

Q14. 표

Q15. 가득

🔊 test4

4회 : 꼭 기억할 발음 규칙

일본어를 읽을 때는 꼭 알아야 하는 발음 규칙이 있습니다.
4회에서는 생긴 대로 읽지 않는 장음과 뒤에 오는 글자에 따라 소리가 정해지는
ん이 들어간 단어가 등장합니다.

점수 ◯ / 15

Q1. 공부

Q2. 은행

Q3. 신문

Q4. 심리

Q5. 귤

Q6. 음악

Q7. 근무

Q8. 연말

Q9. 선생님

Q10. 학생

Q11. 공기

Q12. 공원

Q13. 할아버지

Q14. 할머니

Q15. 도쿄

5회 : 기본적인 인사말

히라가나의 마지막 받아쓰기입니다. 난이도를 높여 조금 긴 문장에 도전해보고, 기본적인
인사말도 배워봅시다. 5회는 일상에서 말하듯이 녹음했습니다. 속도에 주의해주세요!

점수 ◯ / 15

Q1. [아침 인사]
　　안녕하세요.

◻◻◻◻◻◻◻◻◻◻ 。

Q2. [점심 인사]
　　안녕(하세요).

◻◻◻◻◻ 。

Q3. [저녁 인사]
　　안녕(하세요).

◻◻◻◻◻ 。

Q4. 안녕히 가세요.

◻◻◻◻◻ 。

Q5. 내일 또 보자!

◻◻◻◻◻ 。

Q6. 그럼 잘 가!

◻◻◻ 。

Q7. 고마워. ⬜⬜⬜⬜⬜。

Q8. 미안. ⬜⬜。

Q9. 죄송합니다. ⬜⬜⬜⬜⬜。

Q10. 잘 먹겠습니다. ⬜⬜⬜⬜⬜⬜。

Q11. 잘 먹었습니다. ⬜⬜⬜⬜⬜⬜⬜⬜⬜。

Q12. 다녀오겠습니다. ⬜⬜⬜⬜⬜⬜⬜。

Q13. 다녀오세요. ⬜⬜⬜⬜⬜⬜⬜⬜。

Q14. 다녀왔습니다. ⬜⬜⬜。

Q15. 어서오세요. ⬜⬜⬜⬜⬜⬜。

☑ 정답은 26페이지에서 확인할 수 있습니다.

06

6회 : 가타카나 워밍업

🎧 test6

무사히 가타카나까지 학습을 마치고 오신 여러분, 정말 축하합니다!
6회는 가타카나 받아쓰기 준비를 하는 회차로, 글자 수가 점점 늘어납니다.
가타카나 받아쓰기로 미처 외우지 못한 글자를 찾아보세요!

점수 ◯ / 15

Q1. 버스

Q2. 빌딩

Q3. 메모

Q4. 아시아

Q5. 잉크

Q6. 오일

Q7. 가이드

Q8. 테스트

Q9. 호텔

Q10. 드라이브

Q11. 비즈니스

Q12. 마이너스

Q13. 프로그램

Q14. 크리스마스

Q15. 오므라이스

07

7회 : 헷갈리는 가타카나

test7

히라가나 못지 않게 가타카나도 비슷한 글자들이 정말 많았죠?
그래서 7회에서는 헷갈리는 가타카나 글자가 들어간 단어로 구성했습니다.
풀고 나서 틀린 글자들을 모아서 다시 외우면, 다음 회는 훨씬 쉬워질 거예요!

점수 　 / 15

Q1. 택시

| | | | ― |

Q2. 넥타이

| | | | |

Q3. 핸드폰

| | ― | |

Q4. 셔츠

| | | | |

Q5. 가솔린

| | | | |

Q6. 마라톤

| | | | |

Q7. 컴퓨터

Q8. 초콜릿

Q9. 뉴욕

Q10. 와인

Q11. 바이러스

Q12. 소문

Q13. 프랑스

Q14. 러브레터

Q15. 새우튀김

08

8회 : 자주 쓰이는 외래어 표기

 test8

우리말에 외래어 표기법이 있는 것처럼 일본어도 외래어 표기 규칙이 있습니다.
8회에서는 자주 쓰이는 외래어 표기 규칙이 적용된 단어가 등장합니다.
앞에서 배웠던 3가지 규칙을 복습해봅시다.

점수 ◯ / 15

Q1. 카페

Q2. 소파

Q3. 그래프

Q4. 레이디

Q5. 체크

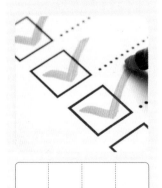

Q6. 디스플레이

Q7. 아이디어

| | | | | |

Q8. 패밀리

| | | | — |

Q9. 필터

| | | | — |

Q10. 페인트

| | | | | |

Q11. 스파이

| | | |

Q12. 티켓

| | | |

Q13. 티라미스

| | | | | |

Q14. 티슈

| | | |

Q15. 커뮤니티

| | | | — |

9회 : 받침이 필요한 외래어

test9

받침 역할을 하는 촉음과 ン이 들어 있는 가타카나 단어가 많습니다.
9회에서는 촉음과 ン을 집중적으로 연습해봅시다.

점수 ◯ / 15

Q1. 레슨

Q2. 로켓

Q3. 세트

Q4. 쇼크

Q5. 슬리퍼

Q6. 트럭

Q7. 클릭

Q8. 핑크

Q9. 리본

Q10. 버튼

Q11. 코멘트

Q12. 오렌지

Q13. 캠프

Q14. 디자인

Q15. 바이올린

10회 : 가타카나의 장음

가타카나는 히라가나와 다르게 장음을 막대기(一)로 표현했었죠? 그래서 읽을 때는 쉬운데, 쓸 때는 어디가 장음인지 헷갈립니다. 10회에서는 장음이 들어 있는 단어가 등장합니다. 앞에서 배웠던 장음 표기 규칙을 복습해봅시다.

점수 　／ 15

Q1. 아파트

Q2. 기타

Q3. 스웨터

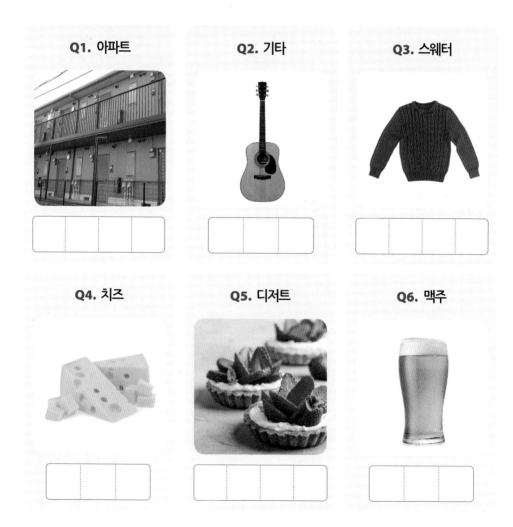

Q4. 치즈

Q5. 디저트

Q6. 맥주

Q7. 타워

Q8. 햄버거

Q9. 페이지

Q10. 수영장

Q11. 로비

Q12. 리포트

REPORTS

Q13. 메뉴

Q14. 공

Q15. 데이터

1회: 히라가나 워밍업

Q1. 햇빛 → ひ

Q2. 피 → ち

Q3. 모기 → か

Q4. 아침 → あ さ

Q5. 의자 → い す

Q6. 창문 → ま ど

Q7. 책상 → つ く え

Q8. 과자 → お か し

Q9. 어린이 → こ ど も

Q10. 애인 → こ い び と

Q11. 타코야끼 → た こ や き

Q12. 인사 → あ い さ つ

Q13. 부엌 → だ い ど こ ろ

Q14. 여름방학 → な つ や す み

Q15. 복권 → た か ら く じ

2회: 헷갈리는 히라가나

Q1. 파랗다 → あおい

Q2. 토끼 → うさぎ

Q3. 작다 → ちいさい

Q4. 지식 → ちしき

Q5. 입구 → いりぐち

Q6. 헤어지다 → わかれる

Q7. 깨지다 → われる

Q8. 잘 수 있다 → ねられる

Q9. 논하다 → ろんじる

Q10. 여권 → ぱすぽーと　* 원래는 가타카나(パスポート)로 씁니다.

Q11. 지키다 → まもる

Q12. 개의 눈 → いぬのめ

3회: 히라가나로 더 많은 소리 표현하기

Q1. 시간 → じ か ん

Q2. 바지 → ず ぼ ん

Q3. 코끼리 → ぞ う

Q4. 포도 → ぶ ど う

Q5. 연필 → え ん ぴ つ

Q6. 튀김 → て ん ぷ ら

Q7. 산책 → さ ん ぽ

Q8. 사진 → し ゃ し ん

Q9. 여행 → り ょ こ う

Q10. 우유 → ぎ ゅ う に ゅ う

Q11. 백(100) → ひ ゃ く

Q12. 학교 → が っ こ う

Q13. 열차 → れ っ し ゃ

Q14. 표 → き っ ぷ

Q15. 가득 → い っ ぱ い   * いっぱい는 '한 잔'이라는 의미도 있습니다.
이때는 'いっ'을 한 음 올려 발음합니다.

4회: 꼭 기억할 발음 규칙

Q1. 공부 → べんきょう

Q2. 은행 → ぎんこう

Q3. 신문 → しんぶん

Q4. 심리 → しんり

Q5. 귤 → みかん

Q6. 음악 → おんがく

Q7. 근무 → きんむ

Q8. 연말 → ねんまつ

Q9. 선생님 → せんせい

Q10. 학생 → がくせい

Q11. 공기 → くうき

Q12. 공원 → こうえん

Q13. 할아버지 → おじいさん

Q14. 할머니 → おばあさん

Q15. 도쿄 → とうきょう

5회: 기본적인 인사말

Q1. [아침 인사] **안녕하세요.** → おはようございます。
* 친구에게는 짧게 'おはよう'라고 해요.

Q2. [점심 인사] **안녕(하세요).** → こんにちは。

Q3. [저녁 인사] **안녕(하세요).** → こんばんは。

Q4. **안녕히 가세요.** → さようなら。

Q5. **내일 또 보자!** → またあした。

Q6. **그럼 잘 가!** → じゃね。

Q7. **고마워.** → ありがとう。

Q8. **미안.** → ごめん。

Q9. **죄송합니다.** → すみません。

Q10. **잘 먹겠습니다.** → いただきます。

Q11. **잘 먹었습니다.** → ごちそうさまでした。

Q12. **다녀오겠습니다.** → いってきます。

Q13. **다녀오세요.** → いってらっしゃい。

Q14. **다녀왔습니다.** → ただいま。

Q15. **어서오세요.** → おかえりなさい。

6회: 가타카나 워밍업

Q1. 버스 → バス

Q2. 빌딩 → ビル

Q3. 메모 → メモ

Q4. 아시아 → アジア

Q5. 잉크 → インク

Q6. 오일 → オイル

Q7. 가이드 → ガイド

Q8. 테스트 → テスト

Q9. 호텔 → ホテル

Q10. 드라이브 → ドライブ

Q11. 비즈니스 → ビジネス

Q12. 마이너스 → マイナス

Q13. 프로그램 → プログラム

Q14. 크리스마스 → クリスマス

Q15. 오므라이스 → オムライス

7회: 헷갈리는 가타카나

Q1. 택시 → タクシー

Q2. 넥타이 → ネクタイ

Q3. 핸드폰 → ケータイ

Q4. 셔츠 → シャツ

Q5. 가솔린 → ガソリン

Q6. 마라톤 → マラソン

Q7. 컴퓨터 → コンピュータ

Q8. 초콜릿 → チョコレート

Q9. 뉴욕 → ニューヨーク

Q10. 와인 → ワイン

Q11. 바이러스 → ウイルス

Q12. 소문 → ウワサ * 보통 히라가나로 많이 쓰여요.

Q13. 프랑스 → フランス

Q14. 러브레터 → ラブレター

Q15. 새우튀김 → エビフライ

8회: 자주 쓰이는 외래어 표기

Q1. 카페 → カフェ

Q2. 소파 → ソファー

Q3. 그래프 → グラフ

Q4. 레이디 → レディー

Q5. 체크 → チェック

Q6. 디스플레이 → ディスプレー

Q7. 아이디어 → アイディア

Q8. 패밀리 → ファミリー

Q9. 필터 → フィルター

Q10. 페인트 → ペイント

Q11. 스파이 → スパイ

Q12. 티켓 → チケット

Q13. 티라미스 → ティラミス

Q14. 티슈 → ティッシュ

Q15. 커뮤니티 → コミュニティー

9회: 받침이 필요한 외래어

Q1. 레슨→ レッスン

Q2. 로켓→ ロケット

Q3. 세트→ セット

Q4. 쇼크→ ショック

Q5. 슬리퍼→ スリッパ

Q6. 트럭→ トラック

Q7. 클릭→ クリック

Q8. 핑크→ ピンク

Q9. 리본→ リボン

Q10. 버튼→ ボタン

Q11. 코멘트→ コメント

Q12. 오렌지→ オレンジ

Q13. 캠프→ キャンプ

Q14. 디자인→ デザイン

Q15. 바이올린→ バイオリン

10회: 가타카나의 장음

Q1. 아파트 → アパート　* 일본의 아파트는 2~3층 정도의 저층 공동 주택이에요. 중, 고층 아파트는 맨션(マンション)이라고 해요.

Q2. 기타 → ギター

Q3. 스웨터 → セーター

Q4. 치즈 → チーズ

Q5. 디저트 → デザート

Q6. 맥주 → ビール　* ビル는 빌딩이에요.

Q7. 타워 → タワー

Q8. 햄버거 → ハンバーガー

Q9. 페이지 → ページ

Q10. 수영장 → プール　* (swimming) pool

Q11. 로비 → ロビー

Q12. 리포트 → レポート

Q13. 메뉴 → メニュー

Q14. 공 → ボール　* ball

Q15. 데이터 → データ

.

히라가나와 가타카나,
발음부터 규칙까지
구멍 없이 제대로 외우자!

히라가나가 안 외워져 진도가 안 나간다면?

마성의 유튜버 토미와 함께하면 끝낼 수 있다!
오프라인 강의에서 1시간 만에 히라가나를 외우게 한
비결을 책에 녹이고, 영상과 음성 강의로 담았다!

발음부터 규칙까지 제대로 정복하는 본문 학습!

들으면서 시작하자! 소리부터 시작해야 발음이 좋다!
쓰면서 익히자! 직접 써봐야만 눈에 들어오는 것이 있다!
읽으면서 완성하자! 발음과 표기 규칙까지 익혀야 진짜 끝이다!

복습까지 확실하게 책임지는 부록 2종 제공!

'받아쓰는 단어장'으로 실력을 점검하고, 단어장으로도 활용하자!
'수록 단어 책자'는 휴대하며 수시로 복습할 수 있다!

www.gilbut.co.kr